JN027580

この1冊ですべてわかる

ＩＲの基本

The Basics of Investor Relations

浜辺真紀子
Hamabe Makiko

日本実業出版社

はじめに

まずは拙著を手に取ってくださった皆さまに御礼申し上げます。

皆さまの多くは上場会社に所属してIR活動にかかわっている、あるいはかかわる予定がある方々だと思います。

この本は、特に以下の方々を読者層と想定して執筆しました。

☑新たにIR担当者となった方
☑IR部門を管掌している管理職の方
☑IRに関連する部門（経営企画、財務、経理、広報など）の方
☑経営陣幹部の方

なお、経営陣幹部の方（特に営業系、技術系から役員になられた方々）にはこの入門書にお目通しいただき「IRとは何か？」「IR実務はどのように進められているのか？」について知ることで、IRの役割と重要性をご理解いただき、「建設的な株主との対話」および「企業価値の向上」につなげていただきたいと願っております。

筆者は常日頃からIRを「会社経営にかかわる重要な事柄を広く理解し、高い視座で取り組むことが求められる、総合格闘技である」と考えています。IRとほぼ同義語である「株主との対話」は経営陣幹部や取締役の責務となっていますので、難易度が高い多様な事柄をカバーしているのは当然と言えば当然です。

この「総合格闘技」に取り組むには、「心／技／体」を磨くことが必要です。その「心／技／体」を、筆者は図表0－1のように捉えています。

筆者はIR業務を管掌した20年の間、自らIR業務全般にハンズオンで取り組むと共に、多くの新卒社員やそれに準じる社員の育成に携わってまいりました。また、現在は複数の上場会社のアドバイザーも担い、株主との建設的な対話促進のための支援を行なっております。業務に取り組む際に重要だと感じた事項、様々な試行錯誤を行なった上での成功／失敗体験な

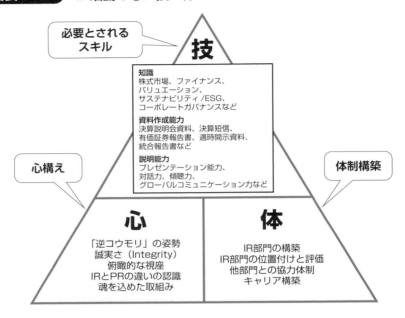

図表0−1　IR活動の心／技／体

必要とされる
スキル

技

知識
株式市場、ファイナンス、
バリュエーション、
サステナビリティ/ESG、
コーポレートガバナンスなど

資料作成能力
決算説明会資料、決算短信、
有価証券報告書、適時開示資料、
統合報告書など

説明能力
プレゼンテーション能力、
対話力、傾聴力、
グローバルコミュニケーション力など

心構え

体制構築

心
「逆コウモリ」の姿勢
誠実さ（Integrity）
俯瞰的な視座
IRとPRの違いの認識
魂を込めた取組み

体
IR部門の構築
IR部門の位置付けと評価
他部門との協力体制
キャリア構築

　どを振り返って、「IR業務を行なう際に必要とされる『心／技／体』」を
この本にまとめました。

　IRを正しく理解し、情報開示および株主との対話を強化することは、
企業価値向上の礎を築くこととなります。日本の上場会社の企業価値が向
上することは、ひいては日本経済の活性化につながります。

　その重要なIRを担う皆さんが「心／技／体」を磨くことで、皆さんご
自身の、そして日本経済全体の洋々たる未来が広がっていくことを心から
祈念します。

第2章

IR担当者に必要な「株式」の基礎知識

第3章

IR担当者に必要な「投資家」の基礎知識

第4章

IR担当者に必要な「ファイナンス」の基礎知識

第5章
IR担当者に必要な「ESG」の基礎知識

第**6**章
IRサイトの構築と運営

第**7**章
株式保有状況の把握とコンタクトデータベースの整備

第**8**章
決算発表、説明会

第9章

株主総会

第10章

その他の説明会の開催

第 16 章
IR部門の組織構築と育成

カバーデザイン／志岐デザイン事務所　秋元真菜美
本文デザイン・DTP／一企画

第 **1** 章

IRの全体像

まず最初にIRの全体像について理解しましょう。

1-1

IR（Investor Relations／インベスター リレーションズ）とは何か？

▶ IRとは何か？

IR（アイ・アール）とは何でしょうか？

シンプルに言うと、「株式市場との相互コミュニケーション（対話)」です。

株式市場とは株主のみならず、潜在株主である投資家全般、証券会社アナリスト、その他のステークホルダーを含みます。

NIRI（National Investor Relations Institute：全米IR協会）はIRを以下のように定義しています。

Investor relations is a strategic management responsibility that integrates finance, communication, marketing and securities law compliance to enable the most effective two-way communication between a company, the financial community, and other constituencies, which ultimately contributes to a company's securities achieving fair valuation.

（筆者による和訳）
インベスター・リレーションズ（IR）は、財務／コミュニケーション／マーケティング／証券取引法上のコンプライアンスを統合した戦略的な経営責務であり、その目的は、企業と金融コミュニティやその他のステークホルダーの間に最も効果的な双方向コミュニケーションを実現することである。そして最終的には、IRは企業の証券が公正な価値評価を受けることに貢献する。

「IRを実施することが責務であり、正しく行なえば株価に良い影響があ

る」というイメージは掴めますが、なぜ実施することが責務なのでしょう？

▶ 会社は誰のものか？

「IRとは何か？」という問いかけに対して回答する際には、「会社は誰のものか？」「会社は誰のためのものか？」について考えることが必要です。

まずは、**会社は誰のためのものでしょう？**

会社は株主だけのために存在しているわけではありません。「顧客」「取引先」「従業員」「株主／投資家」「地域社会」などの**すべてのステークホルダーのために存在**しています。

それでは、**会社は誰のものでしょう？**

その答えは「**株主のもの**」です。

会社の持ち主は株主であり、経営陣は株主からの負託により、会社経営を行なっています。**経営陣幹部にとって会社は「預かりもの」**なので、株主に事業内容について詳しく説明し、経営状況について適切な報告を行なう義務があります。また、持ち主の意向を無視して勝手な方針を打ち立て、経営を行なうわけにはいきません。きちんと説明して理解を求める必要があります。

図表1－1 経営陣と株主の関係

経営陣は、株主から会社を預かって、経営している

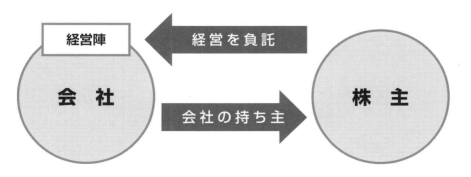

いわゆる「オーナー社長」が経営を担う会社においても同様です。オーナー社長や関係者が自社株式の半分以上を保有していたとしても、それ以外の株主（少数株主）も「会社の共同持ち主」となるためです。

　では、会社は株主以外の投資家に対しては責務を負っていないのでしょうか？

　そうではありません。上場会社にとって**投資家は、現時点で株式を保有していなくても「潜在株主」、すなわち「潜在的な、会社の共同持ち主」であると言えます。**したがって、会社は株主とすべての投資家に対して公平に自社情報を提供し、コミュニケーションを行なう必要があります。

　適切なIR活動を実施することで、株価や時価総額を適正なレベルに保つことが可能となります。さらに、株式市場からのフィードバックを活用し経営の改善や事業変革を行なうことで、企業価値や時価総額を引き上げることも期待できます。その影響は大きく、金額ベースで億円から兆円単位になり得るのです。

　IRを担う皆さんは、企業価値や時価総額に直結する重要な役割を担っています。ぜひ自社のために、そしてご自身の成長のために、このキャリアを最大限活用してください。

1-2

上場のメリット、デメリット

▶上場のメリット

　皆さんは日本の上場会社が全部で何社あるか、ご存じですか？

　2023年10月27日時点の東京証券取引所における上場会社数は3,914社、日本の総会社数368万社（2021年　総務省調べ）のわずか0.1％です。

　3,914社の上場理由は様々ですが、経営者視点での上場メリットはおおむね以下のとおりです。

---

①長期安定資金の調達と財務体質の強化
②会社の知名度の向上と社会的信用力の増大
③人材の確保と従業員のモチベーション向上
④株式市場からのフィードバックの経営／事業への活用

---

①長期安定資金の調達と財務体質の強化

　自己資本に比べて借入金などの負債が多すぎる会社は、財務体質がぜい弱だと社外から判断されます。上場により資金調達し自己資本を強化することで、財務体質の改善を図ることができます。

②会社の知名度の向上と社会的信用力の増大

　証券取引所の厳しい上場審査を通った上場会社は一般的に、財務体質や経営が健全な優良企業だと評価されます。提携会社から「信頼できる相手」と見なされることは、事業運営に役立ちます。また、上場により会社の知名度が向上し、顧客の信頼が増すこともあります。

③人材の確保と従業員のモチベーション向上

　新卒社員や中途社員の採用の際に、「上場会社」というブランドが役立ちます。本人のみならずその家族が、上場会社を「安定した優良企業」と

見なし、入社を望むことが多いためです。激動の世の中に「安定した」会社があり得るのか否かは論議が必要ですが、優良企業という一般的な評価は従業員の矜持とモチベーション向上につながることがあります。

④株式市場からのフィードバックの経営／事業への活用

様々な会社を分析し評価するプロの投資家＝機関投資家と真摯に対話することにより、経営陣は新たな「気づき」を得ることがあります。その「気づき」を経営に活用することで、企業価値を向上させることができます。

▶ 上場に付随する責務とデメリット

上場にはメリットがある一方、以下の責務とデメリットがあります。

---

①事業情報、業績などの開示義務
②経営方針などに関する、株式市場の理解促進
③創業者や親会社以外の新たな株主（少数株主）との関係性への配慮
④敵対的買収や株式の投機的取引などに関連するリスク

---

①事業情報・業績などの開示義務

会社には株主や投資家に対して経営方針や戦略、業績について説明する義務が発生します。経営トップの号令のもとIR部門を組成し全社協力の上で「情報開示」や「株式市場との対話」などに取り組むことが必須となり、一定のコストが発生します。

投資判断に必要な情報であれば開示が必要となり、「競合会社に知られたくないため公に開示しない」という選択肢が失われます。

②経営方針などに関する株式市場の理解促進

「会社は誰のものか」で言及したとおり、会社は株主や潜在株主である投資家に経営方針や戦略を説明し、理解を求める必要があります。

株主やステークホルダーの意に反した経営を行なった場合、株価が大きく下落したり、株主構成によっては経営陣が解任や辞任に追い込まれる事態に至る場合があります。

③創業者や親会社以外の新たな株主（少数株主）との関係性への配慮

　創業者や親会社などの支配株主[1]が株式の過半を保有している会社の場合、少数株主[2]との「利益相反」が発生しないように十分注意する必要があります。たとえば親会社が、自社に有利で不公平な取引条件を子会社に強要すれば、子会社の企業価値が低下し子会社の少数株主が損失を被る可能性があります。そうした事態にならないよう、上場会社は創業者や親会社などの支配株主との関係を常に適正に保つ必要があります。

④敵対的買収や株式の投機的取引などに関連するリスク

　上場会社の株式は、会社自身や他の株主の合意なしに誰でも保有することができます。そのため、たとえば競合会社が実質的な支配を目的として、あるいは短期視点のアクティビストが自身の利益確保のみを目的として、株式を購入したり敵対的買収を仕掛けることが可能となります。また、ヘッジファンドの空売り[3]などの対象となり株価が大きく変動することが経営に影響を与える可能性もあります。

　株式上場によって調達した資金は借入金とは異なり返済の義務はありませんが、「タダ」というわけではありません。

　そもそも株式により調達した資金には、株主が期待する利回り、すなわち株主資本コスト[4]が発生します。株主資本コストは銀行貸付や社債などに係る負債コストよりも一般的に高く、経営者は成長による企業価値拡大と株主還元などにより、株主資本コストを上回るリターンを投資者に提供

1　**支配株主**：議決権のある発行済株式の過半数を直接的または間接的に保有する株主。

2　**少数株主**：所有割合が半数に満たない、創業者や親会社以外の株主。

3　**空売り**：株式を保有していない場合に、対象となる株式を証券会社などから借りて売却し、決められた日（決済期日）までに買い戻して株式を返却するという手法。株価が下落することを見越し、高いうちに売却し安くなってから買い戻すことで利益を得ることを目指します。

4　**株主資本コスト**：詳細は4－5参照。

することが求められます。

　いったん上場した後にMBO[5]などによって非上場化することは容易ではありません。会社が上場を目指す際には、上場のメリットとデメリット、付随する責務を十分に認識した上で判断することが必要です。

5　MBO：Management Buyout の略称。会社の経営陣が金融機関や投資ファンドから資金調達を行ない、自社の株式を買い取ること。

1-3

IRの目的

　IR活動の目的は、①投資してもらうこと、②対話を重ねて株式保有を継続してもらうこと、③フィードバックを経営に活かすこと、そして最終的には①～③の取組みを通じて、④企業価値を上げると共に、株価と時価総額を適正な水準に保つこと、です。

　経営者、経営企画部門、IR部門の中にはIR活動を「自社株に投資してもらうための活動」と考える方々もいらっしゃいます。

　もちろん「投資してもらうこと」は重要ですが、それはスタート地点に過ぎません。たとえば、大学入学時や、就職／転職時と同様で、入学後／入社後に「何をするのか」が最も重要なのです。

　中長期視点の株主との建設的な対話は事業／財務戦略の改善につなが

図表1-2　IR活動の目的

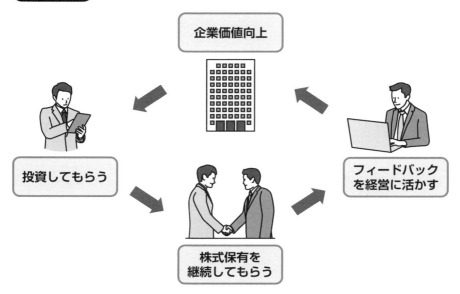

り、中長期的な企業価値の向上をもたらします。上場会社は誠実かつ積極的な対話を心がけるべきです。

　2023年3月31日、東京証券取引所はプライム市場上場会社に向けて「株主との対話の推進と開示について」というガイドラインを公表しました。
　このガイドラインは、プライム市場上場会社に対し、株主との建設的な対話を促進するための体制整備／取組みを進めること、株主からの対話の申込みがあった場合には真摯に対応すること、を求めています。
　加えて、直前事業年度における経営陣と株主との対話の実施状況などについて、できる限り速やかに開示することも求めています。
　プライム市場上場会社でありながら、まだ開示していない場合には、速やかに対応しましょう。

1-4

IR（株式市場との対話）における取組みの全体像

▶ 情報開示

IR活動を大きく分類した図（図表1－3）をご覧ください。

情報開示がIR活動のベースとなりますが、情報開示には大きく分けて①法定開示、②適時開示、③任意開示の3種類があります。

図表1－3 IR（株式市場との対話）における取組みの全体像

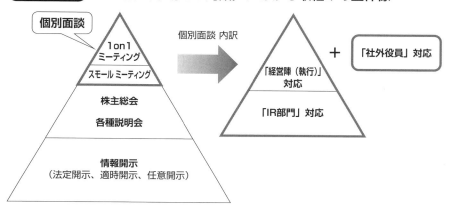

①法定開示

金融商品取引法に基づく開示（有価証券届出書、有価証券報告書、内部統制報告書など）と、会社法に基づく開示（株主総会の招集通知に含まれる計算書類や事業報告など）があります。

これらの資料はEDINET（エディネット：Electronic Disclosure for Investors' NETwork）などを通じて開示されます。

②適時開示

証券取引所の規則による開示です。

決算短信、業績予想の修正、配当予想の修正など（決算情報）、増資、代表取締役の異動など（決定事実）、事故や災害、主要株主の異動など（発生事実）が適時開示の対象となります。

適時開示資料はTDnet（ティーディーネット：Timely Disclosure network）を通じて開示されます。なお、上場会社に義務付けられているコーポレートガバナンス報告書も同様にTDnetを通じて提出されます。

図表1-4 主な適時開示項目

決算情報	決定事実	発生事実
・決算内容、業績 ・業績予想の修正	・新株式の発行 ・合併 ・新規事業の開始	・工場の火災 ・大株主の異動 ・訴訟の提起

日本取引所グループホームページ『なるほど！　東証経済教室』より筆者作成

③任意開示

法律や証券取引所規則では開示が義務付けられてはいないものの、投資判断に有用であることを会社が認識し、自主的に開示する情報です。決算説明会資料（プレゼンテーション資料）、月次開示資料、統合報告書、ファクトブック、株主通信などに加え、各種開示資料の英語版が任意開示資料にあたります。

任意開示であっても、すべての投資家に公平に提供する必要があるため、自社ホームページ内のIRサイトに掲載するのみならず、TDnetに「PR情報」として掲載することで、投資家の利便性を高めます。

上記の方法を通じ、質・量共に充実した情報を株式市場に提供することがIR活動のベースとなります。

▶説明会

適切な情報開示を行なった上で株式市場参加者のさらなる理解を促すため、会社は各種説明会を行ない「1対多」の対話の場を設けます。

例として、決算説明会や中期経営計画説明会、個人投資家向け説明会、IRデイ（事業説明会）、ESG説明会などが挙げられます。このような場で

は会社からの説明に続き、質疑応答などによるインタラクティブな対話が発生します。説明会のみならず、施設見学会、工場見学会などを実施する会社もあります。

株主総会は会社法に基づいて開催するものなので、IR活動の一環としての各種説明会とは意味合いが異なりますが、「1対多」の対話の場であることから、図表1－3に含めています。

▶個別面談

「個別面談」は、事業や経営の詳細についてさらに深く対話したいと考える機関投資家やセルサイド・アナリスト[6]と会社の面談です。機関投資家／セルサイド・アナリストが開示資料や各種説明会の内容を精査した上で、自身が特に興味を持つ事柄について質疑応答の形式で掘り下げたいと考える場合に、会社に面談（取材とも言う）を依頼します。また逆に、会社側から、株主である機関投資家あるいは株主になってほしいと考える機関投資家に個別面談を申し込むこともあります。

個別面談には大きく分けて「1on1ミーティング」（投資家／証券会社1社と自社との面談。機関投資家1社から複数のファンドマネジャーやバイサイド・アナリスト[7]が参加する場合もある）と「スモールミーティング」（投資家／証券会社複数社と自社との面談）があります。

図表1－3の右側の小さい三角で示したとおり、個別面談は対応者によって分類することもできます。

一般的に、会社側の対応者はIR部門、CFO、CEOです。面談相手の要望に応じて、COOや各事業部門の責任者が対応することもあります。投資家の視点の長さ、株式保有の有無、株式運用の資産規模、運用スタイル、興味を持つポイントなどを勘案した上で、対応者を決定します。

6　セルサイド・アナリスト：証券会社に所属するアナリスト。詳細は1－6参照。

7　バイサイド・アナリスト：機関投資家に所属するアナリスト。詳細は1－6参照。

また、昨今では社外取締役、社外監査役と株主の対話が増加傾向にあります。2020年の経済産業省公表資料[8]によると、調査に回答した社外取締役の10％が株主・機関投資家と対話を行なっています。さらに、GPIF（Government Pension Investment Fund：年金積立金管理運用独立行政法人）の「2022／23年スチュワードシップ活動報告書」から、国内株式運用受託機関による社外取締役との対話件数が大きく増加していることがわかります。

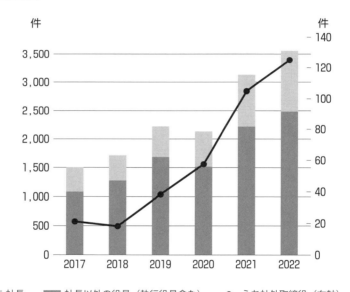

図表1-5　国内株式運用受託機関による役員クラスとの対話件数推移

社長　　社長以外の役員（執行役員含む）　　うち社外取締役（右軸）

GPIF『2022／23年 スチュワードシップ活動報告書』より

　機関投資家が社外役員と対話する場合は、IR部門、CFO、CEOと対話する場合と異なり、事業の詳細に関するディスカッションが求められるわけではありません。「取締役会の運営」「役員の報酬制度」「中長期の経営

8　経済産業省第17回CGS研究会（第2期）社外取締役の現状について　2020年5月13日

方針」「サステナビリティへの取組み」など、コーポレートガバナンスや中長期的な企業価値向上に関するテーマが多いようです。

　機関投資家と社外役員の面談には入念な準備が必要です。詳しくは第15章を参照ください。

1-5

IRとPR、SRの相違点

▶ IRとPRの相違点

　IRとPR（Public Relations：パブリック・リレーションズ）の違いは主に「対象」「コミュニケーションポイント」にあります。

図表1-6 IRとPRの違い

	対象	主なコミュニケーションポイント
PR	マルチステークホルダー	・アピールしたい情報＝ポジティブ情報 ※不祥事／事故発生などの有事を除く
IR	株式市場	・アピールしたい情報＝ポジティブ情報 ＋ ・課題と解決方法

　PRはマルチステークホルダー（顧客、取引先、従業員、株主／投資家、地域社会など）を対象にしている一方、IRはその一部分である株主／投資家や、セルサイド・アナリストなど、つまり株式市場を対象としています。

　PRにおいて会社は「アピールしたいこと」を効果的な方法でマルチステークホルダーに伝えます。不祥事／事故発生などの「有事」には謝罪や問題となる案件の詳細説明、課題解決のための施策の説明などが必要になりますが、有事以外の通常時には「ポジティブな内容」を伝えることが中心となっています。

　IRにおいても「アピールしたいこと」、つまり自社商品／自社サービスの強みや競合会社への比較優位性、自社の価値創造ストーリー、成長ストーリーなどを説明し理解を得ることは重要です。

　しかしIRにおいては、それと同時に「現在、会社が抱えている課題」や「今後の成長を阻みかねない課題」を抽出した上で、「その課題をどのように解決するのか」について投資家に伝えることが重視されます。

　特定の課題によって企業価値が現在の水準にとどまっているのであれば、その課題の解決は、将来の企業価値を大きく拡大させる「伸びしろ」となります。また、将来の企業価値を低下させるリスクを持つ課題については、芽が小さい内に発見しリスクが顕在化しないよう継続的に取り組むことが必要です。

　IRを担う皆さんは、ポジティブな内容だけではなく、**「自社の課題とその解決方法について株式市場に伝えること」**こそが、**重要な役割の1つ**ということを理解し、実践してください。

▶IRとSRの相違点

　皆さんがIRを担う中で、「SR（Shareholder Relations：シェアホルダー・リレーションズ）」という言葉に出会うことがあるかもしれません。SRの対象は既存株主であり、潜在的な株主である一般投資家を含まないため、**SRはIRよりも対象を絞った概念**となります。

図表1-7 IRとSRの違い

	対象	主なコミュニケーションポイント
IR	株主、投資家（潜在株主）、セルサイド・アナリスト	・開示資料や説明会、面談を通じて、投資判断に必要な情報を提供すると共に対話を実施
SR	株主	上記に加えて ・株主総会議案の事前説明と議案への賛成票の拡大推進 ・株主であるパッシブ投資家との対話 ・株主通信などの株主向け資料、株主向けイベント

　SRをどの部門が担うかについては会社によって異なります。IR以外の部門が中心となって取り組むこともありますが、IRに密接に関係する活

動ですので、ここで簡単に説明します。

　SR活動の代表的な業務は、株主判明調査[9]などを通じて実質株主を把握した上で、大株主である機関投資家などに株主総会議案の事前説明を通じて正しい理解を促し、賛成票の確保を目指すことです。株主のみならず、機関投資家の判断に影響力を持つとされる議決権行使助言会社[10]のISSやグラスルイスにも必要に応じて事前説明し、賛成推奨してもらえるように取り組みます。

　株主総会議案の関連業務については、IR部門ではなく株主総会運営部門（法務部、総務部など）が担当する場合も多いようです。

　株主であるパッシブ運用投資家[11]との対話もSRの領域と言えます。詳細は第3章で説明していますが、パッシブ運用投資家は投資の際に個別企業を選定せず、TOPIXや日経225、ESG指数などのインデックス（市場の動きを示す指数）の構成銘柄をその構成割合に従い保有します。そのため株式保有と保有維持を促す活動の対象にはなりません。

　だからと言って、パッシブ運用投資家が投資先企業と対話しないわけではありません。特に近年は環境／社会などの株式市場全体に共通する課題やコーポレートガバナンスについて会社が適切な対応をするよう働きかけ、スチュワードシップ責任[12]を果たします。

　ESGとコーポレートガバナンス・コード、スチュワードシップ・コー

9　**株主判明調査**：株主名簿に信託銀行名義／株式保管銀行（カストディアン）名義で記載されている株主が、実際の投資決定者／議決権行使者とは異なることが多いため、実質株主を把握するために実施する調査。

10　**議決権行使助言会社**：詳細は9－2参照。

11　**パッシブ運用投資家**：アクティブ運用投資（個別銘柄を厳選して投資する運用方法）を行なわない投資家。

12　**スチュワードシップ責任**：建設的な対話などを通じて、機関投資家が上場会社の中長期的な企業価値の向上や持続的成長を促し、中長期的な投資リターンの拡大を図ることへの責任。

ドについては、第5章で詳しく解説します。

　しかしながらパッシブ運用投資家が、自らのポートフォリオ（たとえば TOPIX）に組み入れたすべての会社と対話することは、リソース的に現実的ではありません。そのため、インデックスへの影響度が大きい会社、つまり時価総額が大きい会社や、課題自体への影響度が大きい会社と優先的に対話します。

　組入れ比率が小さいその他の会社に対しては、主要企業への働きかけを通じて課題に関するメッセージを発することになります。そして、株式を保有するすべての会社の株主総会議案への賛否を通じて自らの意思を表明します。

　パッシブ運用投資家の対話対象となるような大会社が面談対応を行なう際には、**IR部門のみならずサステナビリティ部門や法務部門、ガバナンス部門など、ESGにかかわる部署が協力して実施**する必要があります。

　それでは、個人投資家向けのSR活動には、どのようなものがあるでしょう？

　個人株主をターゲットして作成する「株主通信」の発行や、IRサイトにおける個人投資家向けコンテンツの作成は、SR活動の1つと言えるでしょう。また、株主総会の一部として、あるいはその前後で事業説明会を実施したり、懇親会などのイベントを開催するのもSR活動と言えるかもしれません。

　こうした取組みの担当部門も会社によって異なるようですが、IR部門は積極的にかかわると良いでしょう。

1-6

IR活動の対象

▶ IR活動の対象は誰か？

IR活動の対象者は誰なのでしょうか？

図表1－8をご覧ください。IR活動の主な対象者は、「機関投資家」「個人投資家」「セルサイド・アナリスト（証券会社に所属するアナリスト）」です。

会社は情報開示、説明会などを通じて投資家やセルサイド・アナリストに経営方針や戦略、業績などを伝えます。また、機関投資家やセルサイド・アナリストとは個別面談を実施し、さらに深掘りした対話を行ないます。

いずれの対象者に対しても公平な情報開示と誠実な対応を心がけ、信頼関係を築くことが重要です。

図表1－8　IR活動の対象

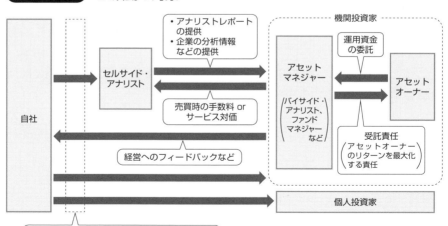

▶ 機関投資家

　機関投資家とは一般的に、顧客から預かった資金を運用・管理する法人を指します。具体的には「資産運用会社」「生命保険会社」「損害保険会社」「信託銀行」「年金基金」などが挙げられます。

　機関投資家の中には、①資産保有者（アセットオーナー）と、②資産を直接運用する投資家（アセットマネジャー）がいます。

①資産保有者（アセットオーナー）

　年金基金や保険会社などの資産保有者を指します。投資信託などに投資する個人も自身で資産を保有していますが、「アセットオーナー」という言葉を使う際には、一般的に法人や機関を指します。

　日本におけるアセットオーナーの代表は公的年金の積立金を運用するGPIF（Government Pension Investment Fund：年金積立金管理運用独立行政法人）です。GPIFは資産運用を37社の資産運用会社に委託しています（2022年度末）。国内株式のアクティブ運用委託先は、図表1－9のとおりです。

　アセットマネジャーが資産運用を受託する際には一般的に、アセットオーナーの意向を受けて投資方針や投資対象、議決権行使方針などを定めます。アセットオーナーが長期的なリターンを望んでいるのであれば長期的な視点で運用し、短期的なリターンを志向する場合には短期的な視点で運用することになります。アセットオーナーがESGに焦点を当てた運用を望むのであれば、ESG投資を行ないます。

　通常のIR活動において皆さんがコミュニケーションする相手はアセットマネジャーですが、その**意思決定や判断にはアセットオーナーの意向が反映されている**ことを理解すると良いでしょう。

図表1-9 GPIFの国内株式アクティブ運用委託先

運用受託機関名	時価総額 (億円)
アセットマネジメントOne IX	2,897
アセットマネジメントOne X(旧みずほ投信)	1,171
インベスコ・アセット・マネジメント I	3,042
インベスコ・アセット・マネジメント II	1,446
キャピタル・インターナショナル	4,471
シュローダー・インベストメント・マネジメント I	3,821
野村アセットマネジメントV	1,188
フィデリティ投信 III	5,265
三井住友DSアセットマネジメント II	3,969
ラザード・ジャパン・アセット・マネージメント I	2,723
ラッセル・インベストメント I	2,398

GPIF『運用受託機関等別運用資産額（2022年度末時価総額）』より筆者作成

②資産を直接運用する投資家（アセットマネジャー）

　前ページでも述べたとおり、IRを担う皆さんが通常対話している機関投資家は、アセットマネジャーです（そのため、本書において「機関投資家」は基本的にアセットマネジャーを指しています）。

　アセットマネジャーはアセットオーナーや個人から資金を預かり運用します。機関投資家は「受託者責任（Fiduciary Duty：フィデューシャリー・デューティ）」、つまりアセットオーナーの利益を第一に考える義務を負っています。その責任を果たさなければアセットオーナーは別のアセットマネジャーに委託先を変えてしまい、アセットマネジャーに運用報酬が入らなくなってしまいます。そのため、アセットマネジャーは我がこと感を持って資産拡大に努めます。

　アセットマネジャーである機関投資家の中には、ファンドマネジャーやポートフォリオマネジャーと呼ばれる実際の資産運用に携わる担当者と、資産運用担当者が適切な投資判断を行なえるよう必要な情報収集や分析を

行なうアナリストがいます。アセットマネジャーに所属するアナリストについては、証券会社に所属する「セルサイド（「売る側」という意味）・アナリスト」と区別するため「バイサイド（「買う側」という意味）・アナリスト」と呼びます（セルサイド・アナリストとバイサイド・アナリストはまったく異なる立場にありますので、ご注意ください）。

会社によっては、バイサイド・アナリストとファンドマネジャーを分離させず1人に両方の役割を担わせる場合もあるようです。

上場会社がアセットマネジャーと対話する際には通常はバイサイド・アナリストが相手となり、重要な投資判断の局面でファンドマネジャーやポートフォリオマネジャーが同席することが多いようです。

▶個人投資家

会社の資産ではなく、自身の資産を運用する投資家を個人投資家と呼びます。個人投資家の中には投資信託などの金融商品を購入する人もいますが、株式などの証券に直接投資する人もいます。

IRを担う皆さんが自社の「一般個人株主」として認識するのは、後者の「株式などの証券に直接投資する人」です。

東京証券取引所の調査によると、2022年度の個人投資家を主とする「個人・その他」の延べ人数は6,982万人となり、人数ベースでは投資家全体の97.8％を占めます。

一方で、「保有額の内訳」では「個人・その他」の割合は17.6％となっています。「個人・その他」にはオーナー経営者や関係者の持ち分も含まれますので、「一般個人株主」の持ち分割合はさらに低いことが想定され、個人投資家1人あたりの投資額が機関投資家1社に比べて小さいことがわかります。

大部分の個人投資家は機関投資家のように投資の専門知識を持っていないため、経営に役立つフィードバックはあまり期待できません。しかし一方で、個人投資家は機関投資家と反対の動きをする（たとえば、機関投資家が売却して株価が下がっている時に逆に買い増す）ことがあり、株価の安定化に貢献すると言われています。また、時価総額や売買高の制限により機関投資家が投資しづらい会社にとっては、個人投資家の重要性は一層

高くなります。

　個人投資家に対しては機関投資家に対するのと同様、情報を公平に提供すると共に、わかりやすくかみ砕いて説明することで理解を深めてもらえるように努めましょう。

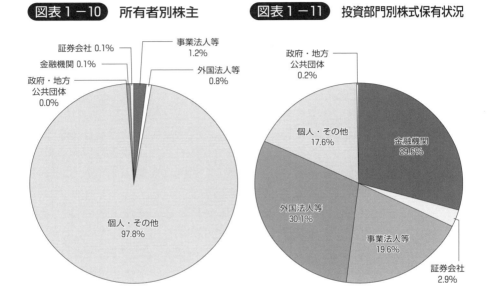

図表 1 − 10　所有者別株主

証券会社 0.1%
金融機関 0.1%
政府・地方
公共団体
0.0%
事業法人等
1.2%
外国法人等
0.8%
個人・その他
97.8%

図表 1 − 11　投資部門別株式保有状況

政府・地方
公共団体
0.2%
個人・その他
17.6%
金融機関
29.6%
外国法人等
30.1%
事業法人等
19.6%
証券会社
2.9%

日本取引所グループ
『2022年度株式分布状況調査の調査結果について』より筆者作成

▶セルサイド・アナリスト

　証券会社に属するアナリストは一般的に「セルサイド・アナリスト」と呼ばれます。前述のとおり、機関投資家内のアナリストである「バイサイド・アナリスト」と対比された呼び方であり、立場や役割が異なります。

　セルサイド・アナリストは株式の売買は行なわず、会社の情報を分析し、投資家に広く伝える役割を担います。多くはアナリストレポートの作成や個別コミュニケーションを通じて、機関投資家にリサーチ情報を提供します。また、証券会社の顧客である個人投資家にターゲットを絞ってリサーチ情報を提供するセルサイド・アナリストもいます。

　セルサイド・アナリストは、開示情報や説明会、面談を通じて会社への理解を深めます。その上で対象企業の企業価値や株主価値[13]を算出し、「投資評価（買い推奨／売り推奨など）」や「目標株価」を含んだレポートを作成します。

　すべての上場会社に対してアナリストレポートが発行されているわけではありません。流通株式時価総額[14]が大きく、多くの投資家が興味を持つ会社ほどレポートが発行されやすくなります。

　たとえば、筆者が以前所属していた時価総額3兆円の企業においては、20社以上の証券会社がアナリストレポートを発行していました。一方、時価総額が数百億円の上場会社は、アナリストレポートが発行されていないか、発行されていても数社にとどまる場合が多いようです。

　アナリストレポートの発行要件は証券会社ごとに異なります。一般的に時価総額が低い会社は不利になりますが、現在の時価総額が小さくても今後急成長する可能性があると判断されれば、発行対象となる可能性は高まります。

　アナリストレポートの発行は、投資家に注目される機会をもたらします。より多くの証券会社にアナリストレポートを発行してもらうためにも、わかりやすく詳細な情報開示と円滑なコミュニケーションに努めると良いでしょう。

13　企業価値、株主価値については4-1参照。

14　流通株式時価総額：大株主や役員の所有分や自己株式を除いた流通株式数に株価をかけた金額。株式市場で流通する株式の時価総額。

Column

MiFID2の影響

　セルサイド・アナリストが提供するサービスの対価は従来、株式の売買手数料に含まれることがほとんどでした。しかしながら、2018年１月にEU（欧州連合）で施行されたMiFID2（ミフィッドツー：Markets in Financial Instruments Directive 2）により、EUにおいてはリサーチを含む付加サービスの対価と売買手数料との分離が求められるようになりました。そのため、主にEUをベースとする機関投資家は、証券会社によるリサーチや会社との面談設定などのサービスに対して個別の対価を支払うこととなっています。

IR活動を実践する際に重要な点

▶経営トップのコミットメントとリーダーシップ

コーポレートガバナンス・コード[15]の5つの基本原則の5番目に「株主との対話」が挙げられています。

【株主との対話】

5．上場会社は、その持続的な成長と中長期的な企業価値の向上に資するため、株主総会の場以外においても、株主との間で建設的な対話を行うべきである。

　経営陣幹部・取締役（社外取締役を含む）は、こうした対話を通じて株主の声に耳を傾け、その関心・懸念に正当な関心を払うとともに、自らの経営方針を株主に分かりやすい形で明確に説明しその理解を得る努力を行い、株主を含むステークホルダーの立場に関するバランスのとれた理解と、そうした理解を踏まえた適切な対応に努めるべきである。

ここで挙げられる「株主総会以外における株主との対話」とは主に、図表1－3の右側の三角「個別面談 内訳」のうち、経営者や経営陣幹部、社外役員が株主と行なう面談、つまりIR活動の一部を指します。面談の前段階としての情報開示や説明会開催を含む**IR活動は決して1部門の業務ではなく、経営陣幹部や取締役が責任を持って取り組むべき活動です**。そしてIRに携わる皆さんには、経営者と同様に自社を俯瞰し、株式市場と対話することが求められます。

15　コーポレートガバナンス・コード：上場会社のコーポレートガバナンスにおいてガイドラインとして参照すべき原則・指針を示したもの。日本では2015年に策定され、2018年と2021年に改訂がなされた。詳細は5－2参照。

IR活動を積極的かつ効果的に推進するには、経営トップのコミットメントとリーダーシップが重要となります。

なお、「株主」は「既存株主」のみを指すのではありません。

通常、上場会社の株式は株式市場で自由に取引されるため、誰でもその会社の株主になることが可能です（規制等による一部の例外を除く）。つまり、株式市場参加者である**投資家全員が過去、現在、未来の「既存株主」と「潜在株主」にあたります。「株主との対話」は「株式市場との対話」、そして「投資家との対話」と捉えるべきです。**

本書では便宜的に、「既存株主」を「株主」、「潜在株主」を含む際には「投資家」と呼ぶことにします。

投資家との対話内容は事業／財務戦略から投資戦略、人材育成戦略、コーポレートガバナンスやサステナビリティに至るまで多岐にわたっています。IR部門のみで十分な情報を把握することは困難で、専門・担当部門の関与が必須です。

情報が十分に集まらない場合、IR部門は課題への理解が足りないまま（あるいは誤解したまま）、手持ちの薄い情報で投資家対応を乗り切ろうとします。そのような状況が続けば、投資家から「株式市場との対話を重視しない会社」と見られることは避けられませんし、時価総額にも悪影響が及ぶかもしれません。

このような事態を回避するには、経営トップからの指示が有効です。日頃から「経営トップである自分は『株式市場との対話』および『IR』を重視している」という一貫したメッセージを社内に伝えてもらい、全社で対応すべき課題が出てきた際には経営トップがリーダーシップを執り、各部門の協力を指示してもらうようにしましょう。

▶ 全社での取組み（部門をまたがる情報のとりまとめとフィードバック共有）

前述したとおり、投資家との対話内容は多岐にわたります。決算説明会資料や統合報告書作成においても、他部門の協力なしには進められません。想定される部門は、経営企画、経理、財務、事業部門、広報、人事、法務などです。

普段から連携を深めるためには、以下のような取組みが有効です。

①自社社員を対象とした社内IR講座を通じて、株式市場や上場会社の責務などに対する社員のリテラシーを高め、株式市場における自社のポジションや投資家／アナリストによるパーセプション（認識）、期待や懸念についての理解を深めてもらいましょう[16]。

②情報やデータの依頼は時間的余裕を持って的確に。投資家が求める情報は何なのか、なぜその情報がほしいのか伝えましょう。「それを説明したいのであれば、こちらのデータの方が適切です」などの助言を得られるかもしれません。

③情報発信後には、投資家／アナリストからの質問内容や意見、感想などを各部門に共有しましょう。セルサイド・アナリストのレポートを共有したり、必要に応じて株価動向についても説明すると良いでしょう。

④機会があれば、投資家／アナリストとの面談に順番に同席してもらい、普段どのような対話をしているのか体験してもらうことも有効です。

▶ 担当者の意識

IR担当者に求められるスキルは多岐にわたります。

☑経理・財務に関する知識
☑経営分析・バリュエーション（企業価値評価）に関する知識
☑サステナビリティ（環境／社会）に関する知識
☑コーポレートガバナンスに関する知識
☑情報開示制度に関する知識
☑コミュニケーション能力
☑英語力
☑俯瞰力

16　詳細は16－3参照。

☑傾聴力

　筆者自身も20年以上実践を通して学ぶことで知識・能力を少しずつ身に付けてまいりましたが、まだまだ不足していることばかりです。最初からすべてのスキルを一度に身に付けることは難しいでしょう。

　しかし、見方を変えれば、皆さんは幸運です。これだけの多岐にわたる能力について、実践を通じて身に付ける機会を持てるのですから。IR部門ならではの特権を活かして、皆さんも株式市場との対話を重ねながらスキルを身に付け、さらに磨き続けてください。

　実は、IR担当者には上記スキル以上に重要なことがあります。それは、**IR担当者としての「Integrity（誠実さ）」**です。

　IR担当部門の立場は複雑です。

　日常の活動を通じて接している投資家／アナリストにとって、皆さんは当然会社側の人間です。彼らの質問に回答しながら、「経営者の代弁者」となって対話します。

　一方、社内では、普段接している投資家／アナリスト、つまり株式市場の視点に立って発言することが多くなります。「投資家の考え方はこうです」「株式市場はここに疑問を持っています」などのコメントは、場合によっては「空気を読まずに水を差す人だ」と思われるかもしれません。

　私はこれをイソップ物語の「卑怯なコウモリ」の反対の姿勢、つまり「逆コウモリ」だと、いつもお伝えしています。

　イソップ物語でコウモリは、鳥の一族と獣の一族が戦争をする中、鳥の一族に対しては「私は鳥の仲間だ」、獣の一族に対しては「私は獣の仲間だ」と言い、両方に良い顔をします。戦争が終わった時、コウモリは両方の一族の信頼を失い仲間外れにされたため、暗い洞窟の中で寂しく暮らすようになりました。

　この話に出てくる「卑怯なコウモリ」のようなIR担当者の姿というのは、どのようなものでしょう？

　投資家に対しては「まさに投資家の皆さまのおっしゃるとおりで、私も同じように考えているのですが、当社は社長や役員たちがそこを理解していなくて……」と寄り添う振りをし、反対に社内では「投資家はこう言っ

ていますが、うちの事業や内情がまったくわかっていないので気にすることはありません」などと投資家を軽んじる発言をすることと、私は考えます。

IR担当者に必要な姿勢「逆コウモリ」とは、投資家／アナリストに対しては「会社側の人間」、社内では「株式市場側の人間」という立場で相対し、背負う側の意見・考えを誠実に伝えて理解を促すことです。

特に社内で「逆コウモリ」の立場を貫くことは時として容易ではなく、強い意志と勇気を必要とします。株式市場からの厳しい意見を経営者や社内の各部門に伝えようとする時、まるでIR担当者個人が厳しく批判しているかのように錯覚され、感情的に受け取られかねないためです。

筆者自身も社内が新規プロジェクトで盛り上がっている時に、「コーポレートガバナンスの観点から、株式市場のネガティブな反応が予想されること」を事前に伝えた経験が何度もあります。**メリットとデメリットをすべて挙げた上で分析し、そのプロジェクトを推進すべきか否かを総合判断するのが、経営において非常に重要だからです。**

今では「伝えて良かった」と思うと同時に、普段株式市場に接することがない社内の人に「想定される株式市場の反応」を伝えるには、もっと丁寧な補足説明が必要だったかもしれないとも思っています。

皆さんが矜持を持って「逆コウモリ」の立場を貫くには、日頃の積み重ねが重要です。株式市場からのフィードバックを普段から丁寧に社内に伝え、経営者や各部門の理解の促進に努めることで、皆さん自身が社内の意見に反対しているのではなく、**株式市場の意見を誠実に伝えているのだ、という事実への理解**が深まります。

IR部門は、株式市場の視点を持てる社内で唯一の部門です。多少の摩擦が生じるとしても株式市場の視点を伝え、「自社にとって最善の策」が講じられるように努める必要があります。社内が盛り上がっている時に「待った」をかけたり、社内が二の足を踏んでいる際に必要性を説いたりすることはとても勇気が必要ですが、それができるのは皆さんだけであることを認識しましょう。

1-8

IR 部門の業務一覧（to-do list）

　IR 部門の業務には、どのようなものがあるのでしょう？

　IR 部門の業務領域は会社ごとに異なっています。特に大企業においては、広報、IR、経営企画、加えて近年はサステナビリティなどの部門が明確に分離されており、各部門の人員数も充実していることが多いようです。

　一方でスタートアップやベンチャー企業においては、前述の部門を数人で、あるいは 1 人で兼務している場合もあるでしょう。

　ここでは、一般的に IR 部門の担当と認識されている業務を挙げます。

決算発表関連

- ☑ 決算短信の一部
- ☑ 決算説明会プレゼンテーション資料（PPT、スクリプト）
- ☑ 決算発表補足資料（ファクトブックなど）
- ☑ 社内手持ち資料（メッセージ骨子、FAQ）
- ☑ 各種資料の英語版
- ☑ その他適時開示資料（IR リリース）
- ☑ TDnet 登録
- ☑ IR サイトアップデート
- ☑ 決算説明会ロジスティックス（運営）

株主総会関連

- ☑ 招集通知（事業報告などを含む）の一部
- ☑ 事業戦略、成長戦略に関するプレゼンテーション資料

開示資料関連（決算発表関連資料以外）

- ☑ 有価証券報告書の一部
- ☑ 統合報告書、アニュアルレポート、CSR 報告書

- ☑コーポレートガバナンス報告書
- ☑サステナビリティデータ集
- ☑株主通信

| 面談 |
- ☑個別面談
- ☑証券会社カンファレンス
- ☑海外ロードショー

| 説明会 |
- ☑IRデイ、アナリストデイ（事業説明会）、中期経営計画説明会、ESG説明会
- ☑適時開示案件に関する説明会
- ☑個人投資家向け説明会
- ☑工場見学会

| 日常業務 |
- ☑IRサイトアップデート
- ☑IRリリース（適時開示資料）
- ☑投資家からの問い合わせ対応（メール／電話など）
- ☑社内向けフィードバック資料と社内説明会
- ☑アナリストレポート収集と社内共有
- ☑実質株主判明調査依頼
- ☑メール、動画、SNS配信

　IR部門に複数のメンバーがいる場合には、業務ごとの担当者を決めましょう。担当者が決まっていないと責任の所在が不明瞭になり、「ポテンヒット（誰がその業務を行なうのか曖昧なまま放置されること）」が生まれる土壌が形成されてしまうためです。

　そして、それぞれの業務に「主担当」「副担当」を置くようにします。主担当を中心に資料作成などの業務を進め、副担当が俯瞰的視点でチェックします。決算発表関連資料など、重要度が特に高く正確性が求められる

ものについては、副担当のチェックに加え、IR部門の他メンバー、経理部門、経営企画部門などで最終チェックを行ない、ミスやわかりづらい点を洗い出して改善します。このように万全の体制を築き毎回丁寧な作業プロセスを実行することが、自社に対する株式市場からの信頼を高めることにつながります。さらに部門内で１〜２年ごとに担当業務をローテーションすることで、メンバーはすべてのIR業務をひととおり経験し、全体像を把握することができるようになります。

　なお、筆者がIRを管掌していた時に唯一役割分担の対象としなかったのは、投資家との面談です。IR部門のメンバー全員が、スピーカーや議事録作成など、何らかの形で必ず担当するようにしていました。その理由は、IR部門のすべての業務において、IR活動の対象である投資家とセルサイド・アナリストの考え方や、彼らが求めているものを理解した上で取り組むことが必須であるためです。

　１−７で述べたとおり、IR部門のみならず、経営企画、経理、財務、事業部門の担当者に、機会を見つけて面談に同席してもらう理由もここにあります。

　IR活動は効果検証が難しい業務です。ともすれば、社内評価を高めることや、社外の表彰制度で高評価を受けることが最終目的になってしまいかねません。もちろん、こうした評価を目指すことが悪いとは言いませんが、目の前の株主や投資家／アナリストを見失わずに誠実に対話を重ねることが最も重要であることを、忘れないでいただきたいと思います。

1-9

IR部門の年間スケジュール例

　IR部門の業務は多岐にわたるため、自社のIRの目的を見据えた上で優先順位を付けて進める必要があります。

　次のページの図表1−12は、決算期が3月の企業が「特に海外投資家に照準を定め、中長期視点のアクティブ運用を行なう機関投資家に株主になってもらい、そのフィードバックを経営に活かす」ことを目的とした場合の年間スケジュールです。グレーの枠はおおよその準備期間を表しています。

　筆者が業務（3月決算企業）に携わっていた頃、特に通期決算を含む様々な資料作成作業が重なる3月から8月までは、毎年多忙を極めました。

　一方、12月は海外投資家がクリスマス休暇に入るため面談が少ないことと、招集通知や統合報告書などの作業を本格的に進める前でもあったことから、1年で最も気持ちが休まる時期でした。この時期は次年度の活動内容や役割分担についてじっくり考えることができる時期でもあります。

図表1-12 年間スケジュール例

		決算発表	株主総会	法定開示資料など	任意開示資料	イベント	IRサイト
1月	初旬						
	中旬						
	下旬						
2月	初旬	3Q決算				証券会社カンファレンス	
	中旬						
	下旬						
3月	初旬						
	中旬						
	下旬						
4月	初旬						
	中旬						
	下旬						
5月	初旬	通期決算	招集通知		株主通信春号	海外ロードショー（欧米）	
	中旬						
	下旬			有価証券報告書			
6月	初旬						
	中旬						
	下旬		株主総会	コーポレートガバナンス報告書			
7月	初旬						
	中旬						
	下旬						
8月	初旬	1Q決算				IRデイ・アナリストデイ	
	中旬						
	下旬				統合報告書		
9月	初旬					証券会社カンファレンス	
	中旬						
	下旬						
10月	初旬						
	中旬						
	下旬						
11月	初旬	2Q決算			株主通信秋号		
	中旬					海外ロードショー（アジア）	
	下旬						
12月	初旬						
	中旬						メンテナンス&アップデート
	下旬						

第2章

IR担当者に必要な「株式」の基礎知識

第2章〜第5章では、皆さんがIR担当者として
株式市場と対話する際に必要な基礎知識を説明します。
まずは株式関連から始めましょう。

2-1

時価総額を計算しよう

　皆さんは「時価総額（Market Capitalization)」という言葉を聞いたことがありますか？

　上場会社は「株価」ではなく、「時価総額」によって、その価値（株主価値）が語られます。時価総額は、以下の式で求められます。

計算式

時価総額＝株価×発行済株式数[17]

　時価総額が同じ水準の場合、発行済株式数が多ければ（＝１株あたりの持ち分割合が小さいため）株価が低くなります。発行済株式数が少なければ（＝１株あたりの持ち分割合が大きいため）株価が高くなります。つまり、**株価の高低だけでは会社の価値は語れません。**

　時価総額は日本取引所グループのインターネットサイトなどで確認できます。自社や競合会社の時価総額については、株価とあわせて日頃から確認するようにしましょう。

　「競合会社」については日本市場だけでなく、海外市場についても常に意識するようにしましょう。日本株に特化したファンドを除き、海外投資家は皆さんの企業を世界やアジアの中の１社として見ているためです。

17　時価総額を正確に求めるには、自己株式を控除した発行済株式総数を使って計算すべきと言われていますが、一般的な金融情報サービスでは自己株式が控除されていない場合が多く、留意が必要です。

2-2

発行済株式数の変動要因

　2−1で説明したように、仮に時価総額が同じ水準である場合、株価は発行済株式数によって変わります。それでは、発行済株式数が変動するのはどういう時なのでしょうか？

▶ 発行済株式数の増加

　まずは発行済株式数が増えるケースを見てみましょう。

発行済株式数が増加する例

①第三者割当増資／公募増資
　特定の第三者や一般の投資家を対象に、新たに株式を発行し資金を調達する場合

②ストックオプションの権利行使
　会社が取締役や従業員に対して付与した「あらかじめ定められた金額（権利行使価格）で会社の株式を取得できる権利」が行使され、新株が発行される場合

③株式分割
　既に発行されている株式を分割する場合（1株を2株や10株に分割するなど）

---

　①の増資では、既存株主の持ち分が変わらない中で、新株が発行されるため、既存株主の持ち分割合は低下します。一方で資金調達により現金が増加して株主価値（時価総額）が上がれば、持ち分割合の低下によるインパクトはニュートラルと言えるのですが、将来の利益を分配する先（株式数）が増え1株あたりの取り分が減少することから、一般的に既存株主にはネガティブに受け取られる施策です。

しかし、増資と共に新たな成長戦略や買収を伴う事業戦略などが発表されることにより、将来想定される1株あたりの利益が増加するのであれば、既存株主が保有する1株あたりの価値が拡大することもあります。そのため、増資を実施する場合には、その目的や今後の成長性と事業戦略を伝えることが重要です。

　なお、資金を調達するために新たに株式が発行されることを「株式の希薄化」と呼びます。

　②のストックオプションは、①同様に、新株発行により株式数が増加しますが、付与規模が適正であれば、（a）事業成長に対する取締役や社員のモチベーションを高めるために有効な施策であること、（b）希薄化の規模が限定的であることにより、株式市場では嫌気されず、ニュートラルに受け取られることが一般的です。

　③の株式分割では、分割された株式が既存の株主に割り当てられます。資金の流出入はなく、分割の主な目的は、取引単位の引き下げによる流動性向上です。既存株主にとっては、発行済株式数と保有株式数の両方が増加するため持ち分割合は変わりません。また株価は理論上、分割の割合に応じて変化するため（1株が2株に分割されたら株価は半分に低下）、その影響はニュートラルと言えます。

▶ 発行済株式数の減少

発行済株式数が減少する例

①自社株の消却
　自社株買い（過去に発行した株式を自らの資金を使って直接買い戻すこと）などで得た自己株式を消却する（保有する株式を消滅させる）場合

②株式併合
　既に発行されている複数の株式を1株にまとめる場合（2株や10株を1株に併合するなど）

　①自社株買い（「自己株式の取得」とも呼びます）実施の際に、株式を売却しなかった既存株主の持ち分は変わらない一方、流通する発行済株式数は減少します。会社自身が保有する自己株式には議決権がありませんし、配当も発生しないため、既存株主の実質的な持ち分割合が上昇します。自社株取得に自己資金を使うため現金が減り、株主価値（時価総額）が理論的には下がるため1株あたりの理論価値は変わらないという考え方もありますが、将来の1株あたりの利益が増えることが想定されるため、株式市場において自社株買いは株主への利益還元策の1つと捉えられており、一般的に株主にポジティブに受け取られる施策です。

　また、自社株買いが「自社の株価が本来の価値よりも低い水準にある」という経営者のメッセージであると見なされることも、株主が自社株買いをポジティブに受け取る理由の1つです。

　自社株買いで保有することになった自己株式は、保有し続けるのではなく消却することで、発行済株式数が減少します。

　②の株式併合は、複数の株式を1株にまとめることで発行済株式数と保有株式数の両方が減少（一方、株価は併合の割合に応じて上昇）するため株式の持ち分割合は変わらず、その影響はニュートラルと言えます。株式併合の主な目的としては株式の管理コスト抑制や株価調整などが挙げられますが、売買単位に満たない単元未満株[18]の株主を生じさせるなどの課題もあります。

18　単元未満株：1単元の株式数に満たない端数株式のこと。単元未満株については、利益配当請求権、書類閲覧謄写権、株主代表訴訟提起権などの株主の権利は認められますが、株主総会における議決権の行使は認められません。

2-3

株価の変動要因

　時価総額の計算式に含まれる、もう１つの変数である「株価」は、どのような要因で変動するのでしょうか？

　図表２−１をご覧ください。要因は大きく２つに分類できます。①市場全体の要因と、②個別銘柄における要因です。

図表２−１ 株価変動の要因

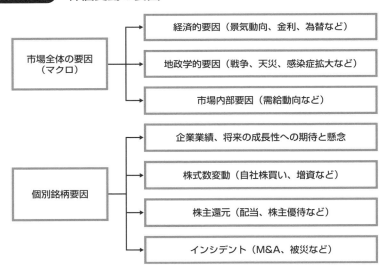

▶市場全体の要因

　このカテゴリに含まれている要素は、特定の会社の株価のみならず株式市場全体の動向を左右します。景気、金利、為替動向を含む経済的要因、戦争や天災を含む地政学的要因、需給動向を含む市場内部要因などが挙げられます。

▶個別銘柄要因

　このカテゴリに含まれる要素は、会社ごとに紐づく固有のものとなります。企業業績や将来の成長性への期待と懸念、株主還元施策の他、M&Aや被災などのインシデントが含まれます。また、前節で挙げた自社株買いや増資、株式分割などで発行済株式数が変化した際も、株価に影響が生じます。

　発行済株式数に変化がない場合、株価が上昇すれば時価総額は拡大します。皆さんは自社の決算発表や適時開示が株価にどのような影響を与えているのか、常にモニターするようにしてください。

2-4

流通株式とは？

　図表2－2は東京証券取引所各市場における流通株式に関する上場維持基準です。

図表2－2　上場維持基準における流通株式

	プライム市場	スタンダード市場	グロース市場
流通株式数	2万単位以上	2,000単位以上	1,000単位以上
流通株式時価総額	100億円以上	10億円以上	5億円以上
流通株式比率	35％以上	25％以上	25％以上

日本取引所グループホームページ『上場維持基準の詳細』より

　プライム市場上場会社が上場を維持するには、流通株式が2万単位、流通時価総額が100億円、流通株式比率が35％以上必要とされています。

　流通株式とは何でしょう？

　計算式は図表2－3のとおりです。主要株主や役員、国内銀行や保険会社（一部例外あり）など、頻繁に売買しないと考えられる株主の保有分を除いたものが流通株式とされています。流通株式が少ないと株式の流動性が低下し、投資家が売買したい時に支障が出る可能性があります。また、主要株主や役員の議決権に対する影響力が大き過ぎることとなり、一般株主の権利が損なわれる懸念が生じます。なお、似た概念に「浮動株」があります。

図表2-3　流通株式数の計算方法

流通株式数＝

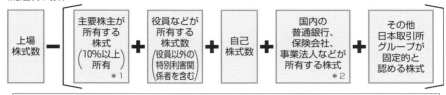

＊1　例外　主要株主の所有分
☑ 投資信託・年金信託に組み入れられている株式、その他投資一任契約等に基づき運用することを目的とする信託に組み入れられている株式
☑ 投資法人の委託を受けて、資産保管業務のために所有する株式
☑ 証券会社等が所有する信用取引に係る株式
☑ DRに係る預託機関名義の株式
☑ その他、取引所が適当と認めるもの

＊2　例外　普通銀行、保険会社、事業法人などの所有分
☑ 直近の大量保有報告書等において、保有目的が「純投資」と記載されている株式

※5年以内の売買実績が確認できる株主の所有分に限る

日本取引所グループ『流通株式の定義見直し（2021年4月30日更新）』より筆者作成

2-5

日本の証券取引所と上場区分

　日本の証券取引所には、東京証券取引所、名古屋証券取引所、札幌証券取引所、福岡証券取引所があります。

　最大手の東京証券取引所（東証）を傘下に持つ日本取引所グループ（JPX）は、2013年1月に東京証券取引所グループと大阪証券取引所が経営統合し誕生しました。東証には、市場第一部、市場第二部、マザーズおよびJASDAQ（スタンダード、グロース）の4つの市場区分がありましたが、この市場区分については2つの課題がありました。

①各市場区分のコンセプトが曖昧であり、多くの投資者にとっての利便性が低い。
②上場会社にとって、持続的な企業価値向上の動機付けが十分にできていない。

　※具体的には、新規上場基準より上場廃止基準が大幅に低いこと、市場第一部に他の市場区分から移る際の基準が、市場第一部への新規上場基準よりも緩和されていたことなどが挙げられます。

　この課題を解決するため、東証は2022年4月4日に市場再編を実施し、「プライム市場」「スタンダード市場」「グロース市場」の3つの市場区分にしました[19]。

19　東証には、「プライム市場」「スタンダード市場」「グロース市場」の他に、いわゆる「プロ投資家」と呼ばれる特定投資家および非居住者のみが売買できるTOKYO PRO Marketがあります。

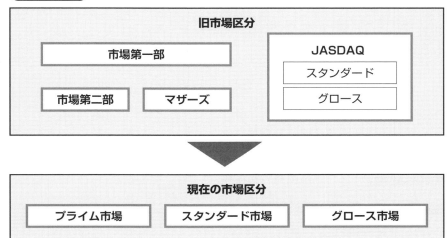

図表2-4 市場区分の再編

旧市場区分

市場第一部

JASDAQ

スタンダード

グロース

市場第二部　マザーズ

現在の市場区分

プライム市場　スタンダード市場　グロース市場

日本取引所グループホームページ『市場構造の見直し』より筆者作成

　それぞれの市場区分のコンセプトは以下のとおりです。

図表2-5 各市場のコンセプト

プライム市場	多くの機関投資家の投資対象になりうる規模の時価総額（流動性）を持ち、より高いガバナンス水準を備え、投資者との建設的な対話を中心に据えて持続的な成長と中長期的な企業価値の向上にコミットする企業向けの市場
スタンダード市場	公開された市場における投資対象として一定の時価総額（流動性）を持ち、上場企業としての基本的なガバナンス水準を備えつつ、持続的な成長と中長期的な企業価値の向上にコミットする企業向けの市場
グロース市場	高い成長可能性を実現するための事業計画及びその進捗の適時・適切な開示が行われ一定の市場評価が得られる一方、事業実績の観点から相対的にリスクが高い企業向けの市場

日本取引所グループホームページ『市場区分見直しの概要』より

新市場区分では、プライム市場上場会社は「グローバルな投資家との建設的な対話を中心に据えた企業向けの市場」となっています。皆さんの会社がプライム市場に上場しているのであれば、海外投資家との対話がとても重要となります。

また、市場区分ごとの定量的・定性的な上場基準概要があり、図表2-6にはプライム市場の基準概要を挙げました。自社が属する市場コンセプトと上場基準を確認、理解しておきましょう。

図表2-6 プライム市場の基準概要

項目	考え方・狙い	概要（※）		
		項目	新規上場基準	上場維持基準
流動性	➤ 多様な機関投資家が安心して投資対象とすることができる潤沢な流動性の基礎を備えた銘柄を選定する。	株主数	800人以上	800人以上
		流通株式数	20,000単位以上	20,000単位以上
		流通株式時価総額	100億円以上	100億円以上
		売買代金	時価総額250億円以上	平均売買代金0.2億円以上
ガバナンス	➤ 上場会社と機関投資家との間の建設的な対話の実効性を担保する基盤のある銘柄を選定する。 ※ ガバナンス・コード（一段高い水準の内容を含む）全原則の適用	➤ 投資家との建設的な対話の促進の観点から、いわゆる安定株主が株主総会における特別決議可決のために必要な水準（3分の2）を占めることのない公開性を求める		
		項目	新規上場基準	上場維持基準
		流通株式比率	35％以上	35％以上
経営成績 財政状態	➤ 安定的かつ優れた収益基盤・財政状態を有する銘柄を選定する。	項目	新規上場基準	上場維持基準
		収益基盤	最近2年間の利益合計が25億円以上 ------ 売上高100億円以上かつ時価総額1,000億円以上	－
		財政状態	純資産額50億円以上	純資産額が正であること

（※）市場コンセプトを反映したこれらの基準のほか、株式の譲渡制限、証券代行機関の選定などの共通の基準を設ける

日本取引所グループ『各新市場区分の上場基準』より

株価指数とは？

　皆さんは、テレビなどを通じて「日経平均株価指数」という言葉を聞いたことがあると思います。「日経平均株価指数」とは何を指すのか、ご存じですか？

　日経平均株価指数は「株式指数」の1つです。株式指数とは、株式の相場の状況を示すために、個々の株価を一定の計算方法で統合し、数値化したものです。

　日経平均株価指数は「日経225」とも呼ばれ、東京証券取引所プライム市場上場銘柄の中から日本経済新聞社が選定した225銘柄から構成されています。日経平均株価指数はこの後に触れるTOPIXとは異なり、株価の単純平均に近い考え方で算出されています。

　日経平均株価指数は、メディアでよく使われる株式指数ですし、投資信託などにも連動した商品がありますが、**機関投資家が日本の株式市場を見る場合にベンチマークとする（基準として見る）指数ではありません**。単純に株価を合計してしまっているため、「値がさ株」と呼ばれる「株価が高い銘柄」の影響が大きくなり、市場全体の動きを必ずしも反映していないためです。

　機関投資家がベンチマークとしているのは、「TOPIX」です。TOPIXはTokyo Stock Price Indexの略で東証株価指数とも称され、かつての東京証券取引所市場第一部に上場する銘柄の時価総額（浮動株[20]ベース）をもとに算出された株式指数です。新市場移行に伴い、現在は構成銘柄を見直し中ですが、引き続き、日本の株式市場全体の動きを示す指数となるでしょう。

　日本の株価指数には他にも「JPX日経インデックス400」「TOPIX Core

20　浮動株：発行されている上場株式の中で、市場に流通し売買される可能性の高い株式のこと。創業家や親会社が保有している株式、持ち合い株などの市場に出回る可能性が低い株式を除いたものを指します。

30／TOPIX Large70」などがあります。

　各国や世界の株価指数には「ニューヨークダウ工業株30種平均株価」「スタンダード・アンド・プアーズ500種指数」「NASDAQ総合指数」「FTSE100種総合株価指数」「ドイツ株価指数」「上海総合指数」「MSCIオール・カントリー・ワールド・インデックス」などがあります。

第**3**章

IR担当者に必要な「投資家」の基礎知識

この章では、投資家に関する基礎知識を身に付けましょう。
投資家と言っても様々です。
十把一絡げにせず属性を理解することで対話を深めましょう。

3-1

アクティブ運用とパッシブ運用

　機関投資家の運用方法は「アクティブ運用」と「パッシブ運用」に大きく分類されます。

　「アクティブ運用」というのは、株価の上昇が期待される銘柄を厳選して投資し、TOPIXなどのベンチマークを上回る投資成果を目指す運用方法であり、一般的なIR活動の対象となるのはアクティブ運用を行なう投資家です。

　「パッシブ運用」は、様々なインデックス（株価指数）に紐づいて行なう運用方法です。元来は、「TOPIX」や「日経225」、「MSCI オール・カントリー・ワールド・インデックス（モルガン・スタンレー・キャピタル・インターナショナルが算出・公表する先進国と新興国の大型株、中型株から構成される指数）」など、市場全体の値動きと同様の投資成果を目指す運用を指していました。それが「受け身」と言われた所以です。

　現在では、たとえば高配当銘柄を集めた指数やESG関連指数など、必ずしも市場全体の値動きに連動しない指数を使うインデックス・ファンドも存在します。

　パッシブ運用を行なう投資家は、個別銘柄を選定せず定められた銘柄に定められた割合で株式を保有するため、「投資家との相互コミュニケーションを通じて株式を保有してもらうこと」を目的の1つとする通常のIR活動の対象にはなりません。一方、1－5で説明したSRにおける対話の対象となります。

　日本の機関投資家においてはパッシブ運用の割合が近年大きく増加し、投資顧問において約7割[21]、投資信託において8割以上[22]と過半数を超えています。一方、米国の海外株式運用ファンドにおいては、パッシブ運用比率が41%[23]、欧州籍のファンドにおけるパッシブ運用比率は20%超となっており、海外におけるパッシブ運用比率は日本に比べて限定的となっています。このことは、IR活動において海外機関投資家をターゲットにすべ

き理由の1つにもなっています。

　パッシブ運用投資家とは、必要に応じてコーポレートガバナンスやサステナビリティ、株主総会議案に関する対話などを実施しましょう。

21　日本投資顧問業協会『日本版スチュワードシップ・コードの対応等に関するアンケート（第9回）の結果について』https://www.jiaa.or.jp/osirase/pdf/steward_enq2022.pdf

22　一般社団法人投資信託協会『投資信託の主要統計（2022年3月）』https://www.toushin.or.jp/files/statistics/8/202203.pdf

23　ブルームバーグ社ホームページ『2026年までにパッシブ運用がアクティブ運用を追い抜く可能性』https://about.bloomberg.co.jp/blog/passive-likely-overtakes-active-by-20-26-earlier-if-bear-market/

3-2

投資家分類とターゲティング

投資家の基本的な分類

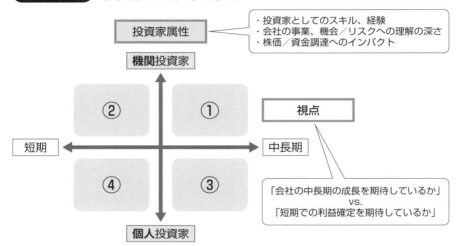

　図表３－１は、IR活動を行なう際に「どの投資家グループをターゲットにすべきか」を確認するための表です。

　横軸は視点の長さ、縦軸は投資家属性（機関／個人）を示します。どのカテゴリの投資家も重要であり公平に扱うべきですが、IR活動を行なう際には限られたリソースを効率的かつ効果的に使う必要があるため分類が必要です。それぞれのカテゴリについて説明します。

①「中長期視点」の「機関投資家」

　自社の株主になってもらうために会社が注力すべき、投資家カテゴリです。

　一般的に機関投資家は、アセットオーナーの資産を預かって運用するため運用資産規模が大きく、売買に伴う株価へのインパクトも大きくなります。このカテゴリの投資家は経営者の視点に近い「中長期の視点（通常は

３〜10年)」で企業価値や成長性を判断し、株式を保有します。企業経営を俯瞰する中長期視点の投資家との対話は、経営陣に新たな「気づき」をもたらし、企業価値拡大のための糧となります。

ただし注意すべきことは、「中長期視点」であれば必ず「中長期保有」するとは限らないことです。「この会社は長期的に成長するだろう」と考えて購入した株式であっても、何らかの理由で考えが変わった場合には、短期間で売却することもあり得ます。このカテゴリの投資家が株主になった際には、誠実な対話を重ね、そこで得た気づきを経営に活用する姿を見せることが重要です。

②「短期視点」の「機関投資家」

保有期間内（短期）に自身のリターンを最大化させることを目的とする機関投資家のカテゴリです。業績開示や様々なイベントなどが、よく活用されます。事業環境の変化などによる株価下落を見越し、ショート手法（空売り）を併用するヘッジファンドも含まれます。

前述の①と同様に資産規模が大きく、売買時の株価へのインパクトも大きくなります。株価のボラティリティ（株価変動率）がもともと高い場合には、大きな金額で株式を空売りされるとボラティリティがさらに高まる可能性があるため注意が必要です。また、経営視点とは長さが異なる短期視点の機関投資家が株主に増えることで、対話が非建設的になっていないかということにも注意が必要となります。その一方、頻繁な売買により「株式の流動性」が確保され、売買代金総額の拡大に役立つことがあります。

③「中長期視点」の「個人投資家」

このカテゴリに含まれる株主は「ファン株主」と呼ばれます。中長期視点で会社の持続的な成長を期待している個人が多く、「事業成長への確信」「事業／サービス内容への賛同」「配当／株主優待への期待」などが保有の主な理由として挙げられます。

一般的に、経営／執行そのものに関する専門知識については投資のプロである機関投資家には及びませんが、BtoC事業においては自社製品／サービスの消費者と重複する場合があるため、その意見が経営に活用される

こともあります。

　IR活動における効率性の面からは、運用資産総額が大きい機関投資家に向けた活動を優先すべきと考えます。一方、前述のとおり、個人投資家は一般的に機関投資家とは異なるタイミングで売買するため、株価安定に役立つと言われています。

　自社ウェブサイトなどにおけるわかりやすいコンテンツの拡充を含め、平易な情報提供を基本としましょう。また、前述したBtoC事業を営む会社、あるいは時価総額が小さく機関投資家の投資対象とならない会社では、マス媒体やSNSを通じた働きかけや、個人投資家向け説明会などを検討すると良いでしょう。

④「短期視点」の「個人投資家」

　短期的なリターンを狙う個人投資家で、いわゆる「デイトレーダー」などを含みます。イベントドリブン（重要な出来事が発生した際に生じる株価の変動を、収益機会と捉えて投資する手法）などの短期視点の運用者であり、資産規模や株価へのインパクトは一般的に限定的です。

　2021年、米国の「ロビンフッド（個人投資家向けの証券売買アプリ）」の利用者である個人投資家がソーシャルメディアなどを通じて結託し、「ゲームストップ社」などの株価に大きなインパクトを与えました。値幅制限がある日本において、一定以上の時価総額を持つ会社については同様のケースが起きる可能性は低いと考えられます。

　一般的に、最も注力すべきカテゴリは、①の「中長期視点」の「機関投資家」です。ただし、**流動時価総額が小さい会社の場合は、機関投資家の投資ユニバースに入らない（投資対象候補とならない）こと**があります。その場合には、**事業推進に注力しつつ個人投資家への発信を行なうことで時価総額と株式市場におけるプレゼンスを徐々に拡大し、機関投資家の投資ユニバースに入ることを目指す**べきでしょう。現在の自社の時価総額や流動性、事業内容に鑑み、優先順位を定めて取り組むと良いでしょう。

機関投資家の属性

　機関投資家を属性別に分類すると、主に「資産運用会社」「年金基金」「生命保険会社」「損害保険会社」「信託銀行」となります。

　1 − 6で説明したとおり、これらの機関投資家は、「資産保有者（アセットオーナー）」と、「資産を直接運用する投資家（アセットマネジャー）」に分類されます。

　以下では、機関投資家を属性別に説明します。カッコ内には「アセットオーナー」「アセットマネジャー」、一般的にどちらに属するのかを記載しました。

▶年金基金（アセットオーナー）

　国民、従業員や組合員などの年金資産を管理・運用する組織です。日本における年金基金の代表GPIFは国民年金にかかわる資産運用を外部に委託していますが、海外の年金基金の中には自身で資産を運用（インハウス運用）するアセットオーナーも多く存在します。

▶生命保険会社、損害保険会社（アセットオーナー）

　顧客から預かった保険料を運用する組織です。資産運用業を営む子会社（アセットマネジャー）で資産を運用（インハウス運用）する場合と外部の資産運用会社に委託する場合の両方があります。

▶資産運用会社（アセットマネジャー）

　アセットオーナーの資産運用に関与します。関与の形態としては、特定の投資家の資金を個別に運用する投資一任、多数の投資家の資金をファンドに束ねて運用する投資信託、投資先の選定や売買タイミングなどについての助言を行なう投資助言などがあります。

　個人を含む一般投資家は証券会社や銀行、郵便局などで投資信託を購入することができます。投資信託はNISA口座の対象となっています（一部

例外を除く）。海外における「Mutual Fund」は投資信託会社に含まれます。

▶信託銀行（アセットマネジャー）

顧客から預かった信託財産を運用する組織です。

3-4

機関投資家の運用スタイル

　3-1で説明したとおり、機関投資家の運用手法にはアクティブ運用とパッシブ運用があります。機関投資家1社（たとえば信託銀行）の中にも、アクティブ運用を行なうチームとパッシブ運用を行なうチームの両者が存在することがあります。

　一般的にIR活動で対象とするのは、アクティブ運用投資家です。そのため、ここではアクティブ運用投資家の運用スタイルについて考えていきましょう。

　アクティブ運用を行なう機関投資家は投資家ごと、あるいは運用ファンドごとに独自の運用戦略・方針を持っています。主に以下の4つのスタイルに分類できます。

---

①Growth（成長性）ファンド：売上高・利益の成長性を重視する

②Value（割安性）ファンド：現在の株価が実質的な企業価値、利益水準に対して割安だと思われる銘柄に投資する

③GARPファンド：Growth at Reasonable Price（リーズナブルな価格と成長性）成長性と割安性の両方を重視した投資手法。上記2つの手法の間に位置する

④Incomeファンド：配当性向や配当利回りが高い銘柄に投資する

　機関投資家が投資先企業に寄せる期待は、運用スタイルによって異なります。様々なスタイルがあることを理解し、相手のスタイルを考慮して対話しましょう。

3-5

海外投資家とは？

　日本企業の株式を保有する海外投資家のほとんどは、個人投資家ではなく機関投資家です。日系以外の機関投資家を一般的に「海外投資家」「外国人投資家」と呼びます。

　海外投資家だからと言って、その担当者と必ず英語でコミュニケーションしなければならないとは限りません。日本国籍を有する日本人や、日本語で会話ができる外国籍のバイサイド・アナリスト、ファンドマネジャーも、その中に含まれています。

　3－1に記載したとおり、海外投資家のアクティブ運用比率は日本の機関投資家よりも高くなっています。そのことも影響し、「日本株式市場の売買代金」において海外投資家は6割程度[24]を占めています。

　海外投資家は独自の視点により「高い成長可能性を持つ会社」を見つけ、メリハリがきいた投資をする傾向があります。海外投資家が投資した銘柄に、国内機関投資家、個人投資家が追随して投資することがあり、市場を動かす力を持っています。

　また一般的に、**海外投資家は運用成績に対して自社内で厳しく評価される環境にあるため、コミュニケーションの際にアグレッシブさを感じることも多くあります。厳しい質問やネガティブなコメントを受けた場合でも、皆さんは引け目を感じたり感情的になったりせずに真摯に対応することを心がけてください。**

24　日本取引所グループホームページ『投資部門別売買状況　株式年間売買状況2022年』https://www.jpx.co.jp/markets/statistics-equities/investor-type/00-02.html

機関投資家が重視するポイント

　投資家と対話する際に、相手が何を重視しているのかを知ることは重要です。

　下の図表3－2は、一般社団法人生命保険協会によるアンケート結果で、投資家が「経営目標として重視すべき指標」として挙げた項目と、それらの項目を選んだ投資家の割合です。

図表3－2 経営目標として重視すべき指標

	企業価値向上に向けた取り組みに関するアンケート「投資家様向けアンケート　経営目標として重視することが望ましい指標（複数選択可）」	
1	ROE（株主資本利益率）	83.3%
2	ROIC（投下資本利益率）	51.0%
3	資本コスト（WACC等）	40.6%
4	E（環境）に関する指標（CO2排出量等）	39.6%
5	総還元性向〔(配当＋自己株式取得)／当期利益〕	39.6%
6	S（社会）に関する指標（女性管理職比率等）	35.4%
7	利益額・利益の伸び率	30.2%
8	FCF（フリーキャッシュフロー）	30.2%
9	配当性向（配当／当期利益）	26.0%
10	売上高利益率	24.0%
11	ROA（総資本利益率）	24.0%
12	自己資本比率（自己資本／総資本）	20.8%
13	経済付加価値（EVA®）	19.8%
14	株主資本配当率（DOE）※DOE＝ROE x 配当性向	18.8%
15	DEレシオ（有利子負債／自己資本）	14.6%
16	市場占有率（シェア）	13.5%
17	売上高・売上高の伸び率	10.4%
18	配当利回り（1株あたり配当／株価）	7.3%
19	配当総額または1株あたりの配当額	3.1%

一般社団法人生命保険協会『企業価値向上に向けた取り組みに関するアンケート 集計結果（2022年度版）』より筆者作成　https://www.seiho.or.jp/info/news/2023/pdf/20230421_3-4.pdf

投資家が「経営目標として重視すべき指標」として挙げるのは、上位から順に、①ROE（自己資本利益率。従来は株主資本利益率）、②ROIC（投下資本利益率）、③資本コストとなっており、すべて資本効率性や収益効率性を測る指標となっています。

特に1位のROEについては、投資家の83.3％が重視すべきとしており、圧倒的な存在感があります。

一方、まだまだ多くの会社が経営目標として掲げている「売上高・売上高の伸び率」については、「重視すべき」と回答した投資家は10.4％のみです。いわゆる**「売上第一主義」が株式市場の期待とは異なる**ことを、皆さんは理解しておくと良いでしょう。

3－2でお伝えしたとおり、**様々な投資家が存在し、その意向を十把一絡げにして測ってはなりません**。そして、中長期視点の機関投資家ほど、前述の資本効率性や収益効率性を重視することは常に念頭に置いてください。

Column
経営者のＩＲ活動を効率的に行なうために

　経営者、特にオーナー経営者の場合、「ファン株主」に向けたIR活動、中でも対面での「個人投資家向け説明会」の開催を強く志向することがあります。

　個人投資家向け説明会を対面で数多く行ない「ファン」になってくれる個人投資家を獲得することは、手ごたえがあり、「冷静でロジカルな機関投資家を相手にするよりも熱意が伝わりやすい」と感じられることもあるでしょう。

　反面、経営と同様、IR活動においても効率性は重要です。機関投資家１社の売買による株価インパクトは、個人投資家が何十人もまとまって売買した場合よりもはるかに大きいことがほとんどです。しかも対面の説明会では、個人投資家を集められたとしても通常は数十人にとどまるはずです。

　IR活動に費やすことができる経営者の時間は限られています。そのため**経営者を含めたIR活動の計画を立てる際には特に、自社の現在および目標とする株主構成を確認した上で効率性を意識したプログラムを策定し、リソース配分する**ことを考えましょう。

　自社の時価総額が十分大きくなければ、機関投資家の投資ユニバースに入らないことがあります。その場合には個人投資家を中心にターゲットにする必要があるため、経営者によるオンラインでの個人投資家向け説明会の開催やIRサイトへの経営者メッセージなどの動画コンテンツ掲載、SNSの活用などを検討すると良いでしょう。

第4章

IR担当者に必要な「ファイナンス」の基礎知識

この章では、会計の基本や財務指標について学びましょう。
難しいと思われがちな内容を、なるべく簡単に説明します。

4-1

企業価値、株主価値、事業価値

　皆さんは「企業価値」「株主価値」「事業価値」、この3つの価値の違いをご存じでしょうか？

　日常的には厳密に使い分けられてはおらず、様々な捉え方があるのですが、投資家と対話する際には一般的かつ共通の理解が必要だと思うので説明したいと思います。

図表4－1　3つの「価値」の違い

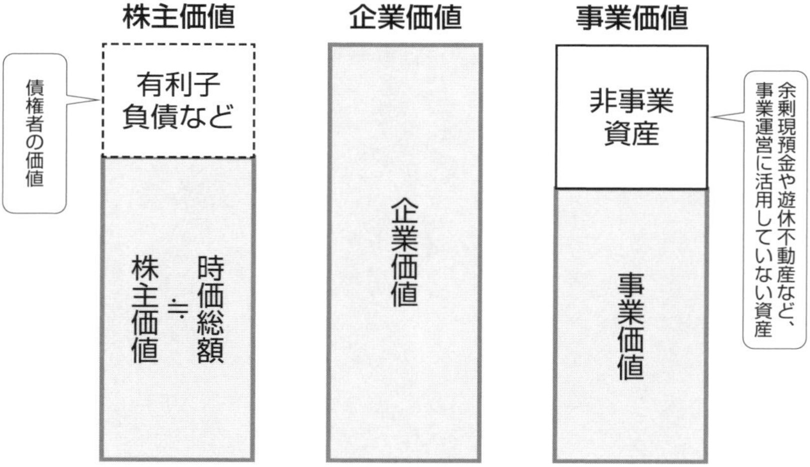

　まず会社の「株主価値」について考えてみましょう。2－1で説明したとおり、株価に発行済株式数を乗じたものが時価総額です。時価総額と株主価値は同じものだと考えてください。

　次に「企業価値」です。A社を100億円で買収するとします。そして、このA社が30億円の有利子負債を負っていたとしましょう。その場合、実際に払うお金は100億円だったとしても、同時に30億円の有利子負債を引

き受けることになります。つまり、A社の価値は130億円ということになります。

　この130億円が「企業価値」です。

　なお、別の会社B社が負債以上に現預金などを保有しているとしましょう。このように現預金などから有利子負債を減じた金額を「ネットキャッシュ（実質的な手元資金）」と呼びます。

　B社を100億円で買収するとします。そしてB社が30億円のネットキャッシュを保有していたとしましょう。その場合、実際に払うお金は100億円だったとしても、同時に30億円の現預金が手に入ることになります。つまり、B社の企業価値は70億円ということになります。

図表4－2　ネットキャッシュがある場合の株主価値と企業価値の関係

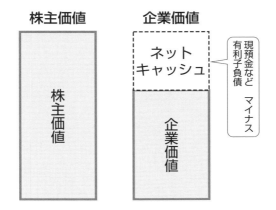

　では「企業価値」と「事業価値」の違いはどこにあるのでしょう？

　企業価値の中には、現時点では事業運営に活用していない資産（例：余剰現預金、遊休不動産、絵画など）が含まれています。このような資産を「非事業資産」と呼びます。企業価値から、こうした「非事業資産」を除いたものが、「事業価値」となります。

　コーポレートガバナンス・コードのサブタイトルは「会社の持続的な成長と中長期的な企業価値の向上のために」となっています。そのため、この本でも随所で「企業価値」という言葉を使っていますが、場合によって

は「株主価値」という単語の方が適切かもしれないと思うことがあります。

　投資家と対話する際に、常に厳密に上記３つの価値を使い分ける必要は
ないと思いますが、基礎知識として理解しておきましょう。

財務三表とは？

　財務諸表とは、企業の財務状況を示す複数の書類で、投資家や債権者などの利害関係者に１年間の財政状況や経営成績を知らせることを目的とするものです。その中でも、貸借対照表（B／S）、損益計算書（P／L）、キャッシュフロー計算書（C／F）の３つを特に「財務三表」と言います。

▶ 貸借対照表

　貸借対照表（B／S：ビー・エス）とは、ある時点における企業の資産状況を示す書類です。

　貸借対照表は「資産の部」「負債の部」「純資産の部」に分けられ、「負債の部」と「純資産の部」の合計は「資産の部」の合計と同額になります。

図表４－３　貸借対照表

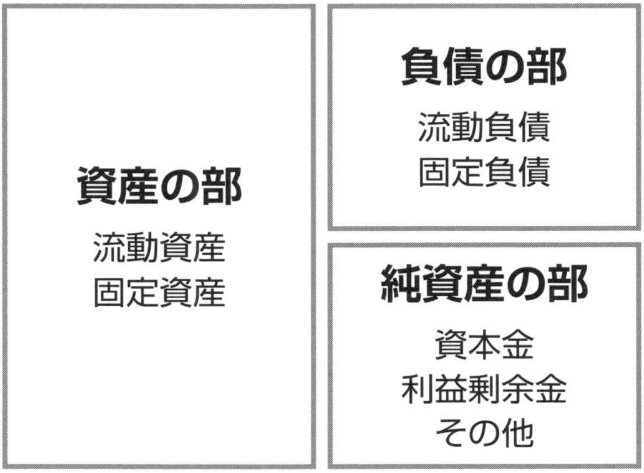

資産の部 流動資産 固定資産	負債の部 流動負債 固定負債
	純資産の部 資本金 利益剰余金 その他

　「資産の部」には「流動資産（１年以内に現金化できる資産：現預金や売掛金など）」と「固定資産（１年以上保有する資産：建物や不動産、設

備など）が含まれます。

「負債の部」には「流動負債（1年以内に返済する必要がある借入金など）」と「固定負債（1年後以降に返済する必要がある借入金）」が含まれます。

「純資産の部」には「資本金（株主による出資金）」や「利益剰余金（利益が蓄積されたもの）」などが含まれます。

▶ 損益計算書

損益計算書（P／L：ピー・エル）は、1年間の経営成績を示す決算書です。

主な項目は以下のとおりです。

図表4－4 損益計算書の主な項目

売上高	本業を通じて得られる対価
売上原価	本業の商品／サービスの仕入れや製造に直接的にかかった費用
売上総利益	売上高マイナス売上原価。「粗利」とも呼ばれる
販売費および一般管理費（販管費）	販売業務や管理業務で発生した費用
営業利益	売上総利益マイナス販管費。本業からの利益
営業外収益／費用	本業以外の収益／費用
経常利益	営業利益プラス／マイナス営業外収益／費用
特別利益／損失	会社の経常的な業務内容とは関係なく、その期だけに例外的に生じた多額な利益／損失
税金等調整前当期純利益	経常利益プラス／マイナス特別利益／損失
法人税等	法人税、住民税、事業税など
当期純利益	税金等調整前当期純利益マイナス法人税など
親会社株主に帰属する当期純利益	子会社を有する場合、子会社の当期純利益のうち親会社（自社）に帰属しないものを除いて算出した当期純利益

▶キャッシュフロー計算書

　キャッシュフロー計算書（C／F）は1年の間に入ってきたキャッシュ（お金）と出ていったキャッシュを計算したものです。簡単に言うと、「今自社の財布の中にいくら入っているか」を示したものです。

キャッシュフロー計算書は3つの項目に分けられています。
①**営業活動によるキャッシュフロー（営業キャッシュフロー）**
　本業の営業活動に伴うもの
②**投資活動によるキャッシュフロー（投資キャッシュフロー）**
　投資の収支（固定資産や有価証券の取得／売却など）
③**財務活動によるキャッシュフロー（財務キャッシュフロー）**
　財務収支（借入金の調達／返済、配当金の支払いなど）

　なお、営業キャッシュフローと投資キャッシュフローを足した額を「会社が自由に使えるお金」という意味の「フリーキャッシュフロー」と呼びます。
　自社の財務諸表についてはひととおり目を通しておきましょう。

　ここでは、最小限の説明のみを平易に記載しました。より詳細な情報については「財務諸表の読み方」などの書籍が多数出版されていますので、参照してください。

4-3

時価総額・株価の バリュエーションの方法を知る

　投資家は一般的に株価が「割安」と感じる時に購入し、「割高」と感じる時に売却します。一体何と比べて「割安」「割高」と判断しているのでしょうか？

　現在の時価総額や株価の比較対象となっているものは、企業や株式の「理論上の価値」となります。そして、その「理論上の価値」を算出した上で実施する比較評価を「バリュエーション（Valuation）」と呼びます。

　ではアナリストやファンドマネジャーが使うバリュエーションの方法にはどのようなものがあるのでしょうか？

　ここでは代表的な方法であるPER、EV／EBITDA倍率、DCF法、SOTPについて説明します。

▶ PER

　PER（ピーイーアール：Price Earnings Ratio）は、日本語で「株価収益率」と訳し、計算式は次のとおりです。

> PER ＝株価（Price）÷ 1 株あたりの純利益（Earnings）

　分子・分母共に「1 株あたり」となっているため、両方に発行済株式数を乗じればこうなります。

> PER ＝時価総額÷純利益

　時価総額を純利益で割るという計算式が何を意味するのか、簡単に説明すると、「毎年 1 個の卵を産む鶏を今、何個の卵と交換しますか？」ということになります。「毎年 1 リットルの牛乳が取れる牛を今、何リットルの牛乳と交換しますか？」ということでも結構です。たくさんの卵、たくさんの牛乳と交換できるということは、高く評価されているということに

なります。

　鶏を20個の卵と交換するのであれば、PER倍率は20倍です。5リットルの牛乳と牛を交換するのであれば、PER倍率は5倍です。元気な鶏であれば他の鶏よりも多少倍率が高く設定されるかもしれませんが、鶏は鶏、期待寿命が一緒であれば、ある程度似た倍率になるはずです。一方で鶏と乳牛とでは異なる倍率が設定されることは当然だと言えるでしょう。

　同様に、PERも一般的に業種によって異なります。東京証券取引所のプライム市場に上場する会社の業種ごとのPER平均は図表4−5のとおりです。情報通信業が30倍を超えている一方で、銀行業が10倍を下回っており、業種によって大きな差異があることがわかります。

図表4−5 業種別PER（東京証券取引所プライム市場上場会社）

種別	加重PER（倍）
情報・通信業	34.3
サービス業	28.4
小売業	25.4
機械	18.9
電気機器	18.6
食料品	18.0
化学	15.5
不動産業	11.9
輸送用機器	11.7
建設業	11.1
銀行業	9.9
卸売業	8.7
総合	**15.0**

※2023年3月時点
日本取引所グループホームページ『その他統計資料 規模別・業種別PER・PBR』より筆者作成

　それでは、同じ業種の上場会社はすべて同じPERとなっているのでしょうか？

　そうではありません。会社によって業界水準よりPERが高い会社、低い会社が存在します。高い会社はPERに「プレミアム」が、低い会社に

は「ディスカウント」が適用されています。プレミアムやディスカウントには、同業他社と比較した際の「想定される今後の利益成長率」の高低を含む様々な期待と懸念が影響しています。

　皆さんの会社のPERは何倍ですか？　PERはYahoo!ファイナンスなどの金融情報サイトで確認が可能です。自社のPERを同業他社と比較し、何が「プレミアム」や「ディスカウント」の要因となっているかを把握し、「より高いPERを目指すために何をすれば良いか」について社内あるいは株主やセルサイド・アナリストとの対話を通じて検討しましょう。

　なお、アナリストやファンドマネジャーがPERを算出する際にはE（Earnings：1株あたりの純利益）には過去の実績数値ではなく、予想数値（会社の業績予想や株式市場のコンセンサス[25]）を活用することが一般的です。PERを参照する際には、いつの時点のE（1株あたり純利益）を使っているかに注意しましょう。

▶ EV／EBITDA

　EV／EBITDA（イーブイ・イービッダー）倍率とは、EV（イーブイ：Enterprise Value：企業価値）がEBITDA（イービッダー、イービットディーエー：Earnings Before Interest, Taxes, Depreciation and Amortization：利子・税金・減価償却・のれん償却前利益）の何倍になっているかを表す指標です。企業買収の際に買収価額算定方法として使われることが多いのですが、上場会社のバリュエーションにおいても使われることがあるため、ここで簡単に説明します。計算式は以下のとおりです。

EV／EBITDA倍率 ＝ EV ÷ EBITDA

EV ＝時価総額 ＋ 純有利子負債

EBITDA
　≒営業利益 ＋償却費（減価償却費＋のれん償却費など）[26]

25　一般には複数のセルサイド・アナリストによる当該企業の業績予想の中間値が使われます。

　設備投資などが大きい産業に属する会社の実力を測る際には、EBITDAが重視されます。EBITDAは営業利益＋償却費（減価償却費＋のれん償却費など）という計算式で算出されます。設備投資や買収を実施した際にはその時点で現金支出が発生し、その後現金の移動はありません。それにもかかわらず損益計算書には、償却費として毎期計上されることになるため、営業利益に償却費を足し戻すことで、キャッシュベースの稼ぐ力を表す指標となります。

　前項で、PERを「鶏を何年分の卵と交換するか」にたとえましたが、EV／EBITDAも同じ考え方の評価方法です。「対象となる会社の企業価値が、１年間に生み出すキャッシュ（税引前）の何年分に相当するのか」を測ります。この指標についてもPERと同様、高い方が高い評価を受けているということになります。

　EV／EBITDAも業種ごとに倍率水準が異なるため、同業他社比較においては有効です。

　また、PERは計算に純利益を用いるため、国ごとに異なる金利水準や税率、償却制度などの影響を受けるのに対し、EV／EBITDAは営業利益に償却費を足し戻すため、国や地域による影響を受けにくく、したがって国際比較の際にPERよりも有効な方法とされています。

▶DCF法

　DCF（ディーシーエフ：Discounted Cash Flow：割引キャッシュフロー）法も企業価値評価法の１つです。会社が将来生み出す価値（事業価値）をフリーキャッシュフローで推計し、加重平均資本コスト（WACC）[27]で割り引いて現在価値に換算します。

　DCF法の考え方について、ここでは簡単な例を挙げて説明します。

26　一般的な計算式は「『税引前当期純利益』＋『少数株主損益』＋『支払利息』＋『償却費』」ですが、ここでは簡易的な計算式を記載しています。

27　WACC：ワック（Weighted Average Cost of Capital）。詳しくは４－５参照。

①同じ100万円でも価値が異なる

☑「今もらえる100万円」と「3年後にもらえる100万円」は同じ価値では
ありません。3年後という時間と、それが本当にもらえるかどうかとい
うリスクを考慮する必要があります。

☑たとえば、毎年10％増える投資案件（複利）に「今もらえる100万円」
を投資すれば、3年後には「133万円」になるとします。

☑こうした投資案件が多くの投資家から適正だと受け入れられている場合、
時間と投資案件のリスクを考える際に、「3年後にもらえる133万円」は
「今もらえる100万円」と同じ価値だと考えられていることになります。

図表4-6　「今の100万円」の将来価値

「今の100万円」は「3年後の133万円」（10％複利の場合）

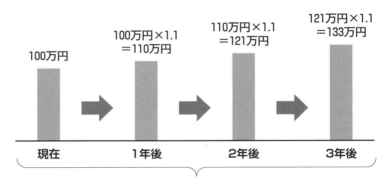

②将来の100万円を現在価値に換算する

☑では、同様の投資案件から得られる3年後の100万円の現在価値はいく
らなのでしょう？

☑投資家が適正水準として10％の利回りを期待しているのであれば、100
万円を毎年1.10で割り戻すことにより現在価値が計算できます。

図表4－7 「3年後の100万円」の現在価値

「3年後の100万円は、現在のいくらに相当するのか？」（10％複利の場合）

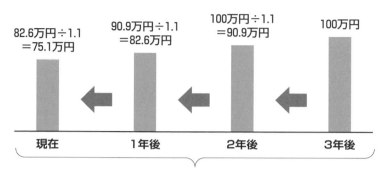

すべて「現在の75.1万円」の価値

☑また、同じく適正な期待利回りが10％とした時に、5年間毎年100万円もらえることの価値は、1年目から5年目までの各年の100万円の現在価値を足すことで求めることで算出できます。

X年度の100万円	計算式	現在価値
1	100÷1.1	90.9
2	100÷1.1÷1.1	82.6
3	100÷1.1÷1.1÷1.1	75.1
4	100÷1.1÷1.1÷1.1÷1.1	68.3
5	100÷1.1÷1.1÷1.1÷1.1÷1.1	62.1
合計		379.1

☑5年間毎年100万円もらえることの現在価値は500万円ではなく、379.1万円となるのです。

　この考え方を企業価値・株主価値算定に使ってみましょう。企業価値・株主価値算定を行なう際には、以下のステップを踏みます。

①将来のフリーキャッシュフロー[28]を見積もり、現在価値を算出する
②永続価値を計算した上で、その現在価値を算出する
③①と②を足し合わせて事業価値を算出する
④事業価値に非事業の資産を加算して企業価値を算出した上で、企業価値から有利子負債を減算して時価総額を算出する

①将来のフリーキャッシュフローを見積もり、現在価値を算出する

　会社が生み出すであろう「将来のフリーキャッシュフロー」を予測し、前述の方法で「現在価値」を算出します。会社が消滅するまでのすべてのフリーキャッシュフローを予測することは難しいため、一般的には5年分や10年分の予測を用いて算出します。

②永続価値を計算した上で、その現在価値を算出する

　6年後や11年後に会社の価値がゼロになってしまうわけではありません。そこで、上記で予測した後の期間の価値（永続価値＝残存価値とも言う）を算出する必要があります。

　永続価値を求める際に定める必要があるのが「永久成長率」です。対象となる会社のフリーキャッシュフローが、予測した期間の後に一定の成長率で増加することを想定して、「永久成長率」を設定します。「永久成長率」は0から1％程度を設定することが多いようです。その上で、永続価値を以下の方法で算出します。

永続価値
＝予想期間の最終年度のフリーキャッシュフロー÷（WACC－永久成長率）

　永続価値は、予想期間の最終年度時点（5年後や10年後）における価値です。そのため、永続価値についても、前述の方法で「現在価値」を算出します。

28　フリーキャッシュフロー：営業キャッシュフローと投資キャッシュフローを足した額。

③①と②を足し合わせて現在の事業価値を算出する

　上記によって計算したフリーキャッシュフローの現在価値と、永続価値の現在価値を足し合わせたものが現在の「事業価値」となります。

④事業価値に非事業の資産を加算して企業価値を算出した上で、企業価値から有利子負債を減算して時価総額を算出する

　事業価値に非事業資産、つまり余剰資金、遊休不動産、絵画、ゴルフ会員権などを加算すると「企業価値」になります。

　その企業価値から有利子負債を減算することで理論的な「株主価値（≒時価総額）」が算出されます。株主価値を発行済株式数で割ることで「1株あたりの理論株価」を算出することができるのです。

▶ SOTP

　SOTP（サム・オブ・ザ・パーツ：Sum-of-the-Parts）は、成長率などが異なる、複数の事業を持つ会社の価値を評価する際に適用する評価方法です。

　会社を評価する際、会社全体をまとめて計算するのではなく、事業ごとに切り分け、それぞれに適した評価方法（PERやEV／EBITDA倍率、DCF法など）で評価し、算出結果を足し合わせて企業価値を算定する方法です。

　たとえば、ある銀行が新規事業として情報通信業を始めたとしましょう。

　会社全体で見るとPER10倍相当の「銀行業」に分類されるため、PER30倍相当の「情報通信業」から生まれた利益についても、純利益の10倍の企業価値しか認められないかもしれません。

　その場合、「銀行業」と「情報通信業」の事業を切り分けた上で、別のPER倍率で計算し、評価することは、SOTPの手法を取っていると言えます。同様に、切り分けた上で片方はPER、片方はDCF法で価値を算出し合計する、という方法も考えられます。

4-4

その他の財務指標

　前項では主要なバリュエーション方法について説明しましたが、その他にも企業価値を語る際に重視される財務指標があります。ここでは、投資家との対話において頻出する指標について説明します。

▶ROE

　ROE（アール・オー・イー：Return On Equity：自己資本利益率）とは、当期純利益を、前期および当期の自己資本の平均値で割ったものです。従来は「株主資本利益率」と呼ばれていました。ROEが高い会社は、「自己資本を活用して多くの利益を生み出しており、経営効率が良いだけでなく、高い競争力や独自性があることを示している場合があり、投資価値が高い」ということになります。

　各社の通期決算短信の1ページ目に「自己資本当期純利益率」として記載されていますので、自社の数値を確認すると良いでしょう。

計算式

ROE＝当期純利益÷（純資産−新株予約権−非支配株主持ち分）×100（％）

　この指標は、「株主が出資したお金を元手に、企業がどれだけの利益を上げたのか」ということを数値化したもので、「企業がどれぐらい効率良くお金を稼いでいるか」を示す財務指標です。

　図表3−2において、投資家の83.3％が「経営目標として重視すべき指標」として挙げた、最も重視されている指標です。

　基本的にROEが高いほど、自己資本をうまく使って効率良く稼いでいる会社だと言えます。2014年に経済産業省がまとめた報告書（通称「伊藤レポート」）には「日本の上場会社はROE8％を目指すべきだ」という内容が盛り込まれています。

　ROEは以下のような分解式でも表すことができます。

計算式

ROE＝（当期純利益÷売上高）×（売上高÷総資産）×（総資産÷自己資本）×
100（％）＝売上高当期純利益率×総資産回転率×財務レバレッジ×100（％）

ROEが株主資本コスト[29]を下回っている場合、その会社は「株主が期待するリターンを生み出しておらず、株主価値を毀損している」と見なされ、株主から「ROE向上の施策」を求められることが多くなります。また、ROEが下落傾向にある時も、株主から「回復のための施策」を尋ねられる頻度が増すため、説明の準備を入念に行なうべきでしょう。

▶ ROIC

ROIC（ロイック、アール・オー・アイ・シー：Return On Invested Capital：投下資本利益率）とは、会社が事業活動のために投じた資金を使って、どれだけ利益を生み出したかを示す指標です。この数値が高いほど、投融資する人にとって「効率的に資金を使って稼いでくれている会社」ということになります。

計算式

ROIC＝営業利益×（1－実効税率）÷（株主資本＋有利子負債）×100（％）

会社は、株主から預かった資金（株主資本）と銀行などから借り入れた資金（有利子負債など）を投下して事業を行ないます。ROICは、企業がその資金を利用してどれくらい効率的に利益を生んだのかを測るための財務指標です。

図表3－2で、投資家の51.0％が「経営目標として重視すべき指標」として挙げた、2番目に重視されている指標です。

ROEとの主な違いは以下にあります。
①ROEが「分子」に純利益を使っている一方、ROICは営業利益を使っていること

29　株主資本コスト：詳細は4－5参照。

②ROEは「分母」に自己資本のみを使っているが、ROICは株主資本だけでなく、有利子負債を加えていること

　前ページでROEと株主資本コストの比較について説明しましたが、ROICが比較対象とするのは有利子負債コストも含まれているWACC[30]です。

　複数の事業を保有する会社の場合、「事業ごとの効率性」を測る際に有用なのがROICです。事業（セグメント）ごとの営業利益は通常算出され開示されていますので、事業ごとの貸借対照表を簡易的に作成すればROICの計算が可能となります。

　事業ごとの生産性・効率性を可視化することで、適切な事業ポートフォリオ経営が可能となるため、昨今投資家のみならず事業会社も注目する指標です。

▶ ROA

　ROA（アール・オー・エー：Return On Asset：総資産利益率）とは、利益を総資産で割った収益性を測るための財務指標であり、高いほど収益性が高いと見なされます。

計算式

ROA＝利益÷総資産×100（％）

　企業に投下された総資産が、利益獲得のためにどれほど効率的に利用されているかを表す財務指標です。分子の「利益」には、一般的に当期純利益が使われます。

　各社の通期決算短信の１ページ目には、純利益ではなく経常利益を使った「総資産経常利益率」が記載されていますので、自社の数値を確認すると良いでしょう。

　なお、ROAは「売上高当期純利益率（当期純利益÷売上高）×総資産回転率（売上高÷総資産）」という式にも分解できるため、どちらかの要

30　WACC：加重平均資本コスト。詳細は４−５参照。

素を改善することでROAの向上を図ることが可能です。

▶ PBR

PBR（ピー・ビー・アール：Price Book-value Ratio：株価純資産倍率）とは、現在の時価総額が企業の資産価値に対して割高か割安かを判断することができる指標であり、1倍を割ると割安と判断されます。

PBRはバリュエーション指標なのですが、現在は株主からの事業や経営に対する評価を示す指標として注目されることが多いため、ここで取り上げます。

計算式

PBR ＝ 時価総額 ÷ 純資産

会社には「解散価値」という、債務をすべて返済して残った資産（土地、工場、設備、有価証券など）を現金化した時の理論上の金額があります。

PBRが1倍であれば、この解散価値と時価総額が同じ水準ということになります。したがって、PBRが1倍を割り込んでいる場合には、理論的には対象企業に事業を継続させるよりも解散した方が株主は儲かる、という言い方ができてしまいます。

2023年3月時点で、東京証券取引所のプライム市場、スタンダード市場に上場する企業約3,300社のうち、5割超にあたる1,800社のPBRが1倍を割り込んでおり、日本経済における大きな課題となっています。

なお、PBRは、既に説明した2つの要素に分解することができます。

計算式

PBR ＝ ROE × PER

PBRはPERと同様、業種によって水準が異なります。東京証券取引所のプライム市場上場会社の業種ごとのPBR平均は図表4－8のとおりです。

自社のPBRはPERと同様、金融情報サイトで確認が可能ですので、1倍を割っている場合には自社において何が課題なのか把握しておきましょう。

図表4−8 業種別PBR （東京証券取引所プライム市場上場会社）

種別	加重PBR（倍）
電気機器	2.0
小売業	2.0
情報・通信業	1.7
食料品	1.5
機械	1.5
サービス業	1.5
化学	1.4
卸売業	1.1
不動産業	1.0
建設業	0.9
輸送用機器	0.9
銀行業	0.5
総合	**1.2**

※2023年3月時点
日本取引所グループホームページ『その他統計資料 規模別・業種別PER・PBR』より筆者作成

▶ OP Margin

　OP Margin（オー・ピー・マージン：Operating Profit Margin：売上高営業利益率）とは、本業から得た利益である営業利益を売上高で割ったもので、この数値が高いほど「本業で利益を効率的に稼ぐ力が強い」ということになります。特に海外投資家との対話では頻繁に出てくるため、ここで取り上げました。

計算式

OP Margin ＝営業利益÷売上高×100（％）

　一般的に、投資家が最も重視する利益は営業利益と純利益の2種類です。

　営業利益は、対象となる会社の軸となる本業の実力を端的に示すものです。売上高から売上原価（商品の仕入れ費用など）や販管費（販売費および一般管理費：従業員の人件費、販売促進費など）を引いて計算します。

営業利益が安定している会社は、継続的な価値があると見なされます。

　純利益は、会社が稼いだお金から様々な費用を差し引いた上で税金を支払った後の、企業活動の純粋な成果です。子会社を有する場合、子会社の当期純利益のうち親会社（自社）に帰属しないもの（子会社の株式のうち第三者が保有する一部分、つまり「非支配株主に帰属する当期純利益」）を除いて算出した当期純利益を「親会社株主に帰属する当期純利益」と呼びます。

　配当は当期純利益の中から支払われますので、当期純利益は投資家にとって重要な指標となりますが、純利益は、たとえば土地などの資産を売却することで、本業が順調でない場合でも高めることが可能です。

　そのため、投資家は「本業が順調か否か」を確認するために、純利益のみならず営業利益に着目します。

　投資家は「収益性」を重視しますので、OP Marginが低下傾向にある時には、説明を求められることが多くなるでしょう。皆さんは自社のOP Marginの推移について認識し、変化要因を理解した上で投資家との対話に臨みましょう。

▶配当性向

　配当性向とは、会社が最終利益である純利益のうち、どれだけ配当金の支払いにあてたかを示す指標です。配当額を純利益で割って求めます。

計算式

配当性向＝１株あたり配当額÷１株あたり当期純利益×100（％）

　高い配当性向は株主への大きな利益還元となるため、好ましいと受け取る投資家も多いのですが、一方で、利益を還元するよりも事業に再投資してさらに利益を生み出してほしいと考える投資家もいるため、最適なバランスを検討することが重要です。

▶DOE

DOE（ディー・オー・イー：Dividend on Equity Ratio：株主資本配当

率）とは、会社が株主資本に対して、どの程度の配当を支払っているかを示す財務指標です。

計算式

DOE ＝年間配当総額÷株主資本×100（％）
　　　＝配当性向×自己資本利益率（ROE）×100（％）

▶ 配当利回り

配当利回りとは、株価に対して、年間配当金がどれくらいの割合か示す指標です。

計算式

配当利回り＝1株あたりの配当額÷株価×100（％）
　　　　　＝年間配当総額÷時価総額×100（％）

▶ TSR

TSR（ティー・エス・アール：Total Shareholder Return：株主総利回り）とは、投資家に対する総合的なリターン（値上がり益＋配当金）を測定する指標です。TSRが0％ということは「投資家のお金は減っていないが増えてもいない」ということになり、数値が高いほど投資家へのリターンが大きいということになります。

一般的な計算式

TSR ＝
｛(一定期間の)株価上昇額＋(一定期間の) 1株あたり配当金｝÷株価×
　100（％）

　なお、有価証券報告書に記載される「株主総利回り」は5年前をスタート地点として各年度の累計利回りを計算するものです。株主価値を示す指標の1つとして2019年3月期以降、開示が義務付けられました。計算式は

以下のとおりです。

> **計算式**
>
> （各事業年度末日の株価＋当事業年度の４事業年度前から各事業年度
> までの１株あたり配当額の累計額）÷ 当事業年度の５事業年度前の
> 末日の株価

　この値が100％の時は、「投資家のお金は減っていないが増えてもいない」
ということになります。図表４－９を参照してください。

図表４－９　株主総利回り計算方法

【計算式】

	5事業年度前	4事業年度前	3事業年度前	2事業年度前	1事業年度前	当事業年度
株価	A	B	C	D	E	F
配当		a	b	c	d	e
配当累計		a	a+b	a+b+c	a+b+c+d	a+b+c+d+e
株価＋配当累計		B+a	C+a+b	D+a+b+c	E+a+b+c+d	F+a+b+c+d+e
株主総利回り		(B+a)/A	(C+a+b)/A	(D+a+b+c)/A	(E+a+b+c+d)/A	(F+a+b+c+d+e)/A

金融庁『株主総利回り計算方法』より
https:// www.fsa.go.jp/policy/kaiji/tsr.xlsx

Column

事業成長トレンドを確認するための前年同期比較

　説明会や個別面談で行なわれる会社と投資家の対話では、時折様々な齟齬が生じます。ここでは、頻繁に生じる齟齬の1つ「事業成長トレンドの確認方法」について説明します。

　投資家が事業成長トレンドを確認する際には、「前年同期比」「前年同四半期比」「前年同月比」（英語の略語ではYoY＝Year over Year）の成長率を確認します。

　アイスクリーム屋の四半期売上高を例に挙げてみましょう。

図表4−10　アイスクリーム屋の四半期売上高

年/Q	22/1Q	22/2Q	22/3Q	22/4Q	23/1Q	23/2Q	23/3Q	23/4Q
売上高(万円)	400	700	300	150	500	1,050	500	160
YoY成長率(%)	N/A	N/A	N/A	N/A	+25%	+50%	+67%	+7%

※Q＝Quarter（四半期）

　起こりがちな齟齬の元となる双方の考え方は以下のとおりです。

> **会　社**　「23／2Qは夏なのでよく売れた。売上高1,000万円を超えたが、4Qではまた100万円台に戻ってしまった。冬にはアイスクリームがあまり売れないから仕方ない。春になれば、また売れ始めるはずだ」

> **投資家**　「23／3Qまでは売上高成長率が+25%、+50%、+67%と右肩上がりだったのに、4Qで突然＋7％に減速した。何か大きなネガティブな環境変化があったのではないか？」

　この場合、会社側は、成長率が＋7％に落ちた理由と解決策を説明しなければなりません。

　「4Qの初めに通りの向かいに別のアイスクリーム屋ができたた

め、物珍しさで一部の客がそちらに奪われたが、当店の方が美味しいと客が戻りつつある。当店で新たに始めた『ほうじ茶の無料サービス』も好評で、成長率の再加速が望める」

　原因が明確にわかっており、解決策が納得いくものであれば、投資家は安心して株式を保有し続けるでしょう。このように、投資家は、季節性による変動要因を除くため前年同期比の成長率を計算し、そのトレンド（推移）を確認します。皆さんも同じ分析を行なって自社事業を観察する習慣をつけてください。

　投資家が成長トレンドを確認する際には、通常最低２年分のトラックレコード（過去の実績や履歴）が必要です。

　上記のアイスクリーム屋の場合、売上高成長率は１年分のデータしかありません。２年分の成長率推移を確認するためには３年分の実績値が必要です。

　投資家やアナリストがセグメントや会計基準の変更を嫌気するのは、過去からのトラックレコードが役立たなくなるためです。安易な気持ちでセグメント変更などを実施すべきではありませんが、必要に迫られて変更する際には、**当該年度に加えて過去２年分の遡及データを投資家／アナリストに提供**するよう心がけてください。

　可能であれば**事前（例：基準変更を伴う決算発表の３か月前）**に遡及データを提供することで、投資家／アナリストに準備期間が生まれます。情報を受ける側の利便性に、常に配慮しましょう。

4-5

資本コストを考える

　資本コストについての説明をこの章の最後に持ってきたのは、一般的に資本コストが「難しい概念」と考えられているためです。しかしながら、株式市場と対話するためには、この概念についての理解が必要です。ここではなるべくわかりやすく説明したいと思います。

▶資本コストとは何か？

　資本コストをシンプルに言うと「お金を出した人が期待している還元率」です。この還元率は「どのような形でお金をもらっているか」、つまり「借入」によるものなのか「株式投資」によるものなのかによって大きく異なり、一般的に後者の方が高い水準となります。

　借入における資本コストを「有利子負債コスト」、株式における資本コストを「株主資本コスト」と呼びます。会社にとっては、資本コストは低い方が好ましいです。

▶加重平均資本コスト（WACC）

　4－3の「DCF法」では、将来のフリーキャッシュフローを現在価値に割り引く際には「加重平均資本コスト（WACC）」を使うことを説明し、「お金を出している人が10％の利回りを期待している」というケースを例に挙げ、将来の収入の現在価値を計算しました。

　「加重平均資本コスト」とは、「有利子負債コスト」と「株主資本コスト」を、負債額と株式投資額のそれぞれの大きさを加味した上で平均したものです。

　数式が存在するのですが、まずはケースに当てはめて考えてみましょう。

　ある会社が以下のような形でお金を調達しているとします。
　☑30億円の有利子負債　年利は２％

☑60億円の時価総額　株主は年率10％の利回りを期待

　この場合、単純に２％と10％を足して２で割った６％が全体を均した資本コストになるわけではありません。２％のインパクトは全体の３分の１（90億円のうちの30億円）、10％のインパクトは全体の３分の２（90億円のうちの60億円）に対するものです。また、負債には節税効果があるため、その分を勘案しなければならず、負債コストには「１－Ｔ（税率）」をかける必要があります。

　そのため、加重平均資本コストを求める際には、「２％×（１－Ｔ）×１／３」＋「10％×２／３」で計算する必要があります。Ｔ＝税率を35％と想定すると、解は7.1％となります。

　加重平均の求め方を理解した上で考えなければならないのは、「有利子負債コスト」と「株主資本コスト」の求め方です。まずは簡単な「有利子負債コスト」から考えてみましょう。

▶ 有利子負債コスト

　有利子負債コストとは、社債発行や金融機関からの借入により発生する利息を指します。利息は借入契約時点で確定しているため、その金利を当てはめると良いでしょう。

　有利子負債コストは一般的に、株主資本コストよりも低い水準となります。言い換えると、有利子負債におけるお金の貸し手の取り分は、株式投資において株主が期待できる取り分よりも少ない、ということになります。これは、どういうことでしょうか？

　すべての投資はリスクとリターンのバランスで成立しています。リスクが低ければ期待リターンも低いし、リスクが高ければ期待リターンも高いことになります。

　貸付の場合、お金の貸し手は契約当初に決めた利率以上の収入はありませんが、有事の際には、株式投資よりも優先的にお金を返済してもらう権利を持っています。そのため、リスク水準が低いと言えます。

　株式投資の場合、会社が大成功して大儲けすれば多額の配当や売却益が

期待できる一方、株価下落による元本割れのリスクも内包しています。会社が倒産した場合には、株式価値がゼロになり、投資した資金をすべて失う可能性さえあります。

このように、有利子負債はお金の出し手にとってはリスクとリターンが低水準な投資となりますし、会社にとってはコスト水準が低い資本となります。

なお、有利子負債コスト、つまり利息の支払いには節税効果もあります。有利子負債に対して利息を支払うと、その分利益が圧縮され税金が減少することになるためです。株主資本コストと異なる点の1つとして覚えておきましょう。

▶ 株主資本コスト

さて、いよいよ「株主資本コスト」の算出方法です。

4－3の「DCF法」にて、将来のフリーキャッシュフローを現在価値に割り引く際に、「お金を出している人が年率10%の利回りを期待している」ことを想定して計算しました。この「自社の株主が何%の利回りを期待しているのか」が「株主資本コスト」です。

様々な株主が存在する中で、この数値を推し量ることは難しいのですが、一般的にはCAPM（キャップエム）という以下の数式を使って算出されます。Reというのが、株主資本コストです。

Re ＝ rf ＋ β （rm － rf）

Re：対象企業株式の期待利回り
rf：リスクフリー・レート
β：対象企業株式のβ値
rm：株式市場全体の資本コスト

数式を見ただけではわからないと思いますので平易に説明します。ここでは、株主資本コストを3つの要素から導き出しています。

> ①リスクがまったくない投資における利回り＝rf
> ②株式市場全体への投資利回りとリスクがまったくない投資との差
> 　（マーケットリスクプレミアム）＝rm－rf
> ③株式市場全体への投資（TOPIX指数への投資など）に比べた場合
> 　の、対象企業に投資するリスク＝β

　CAPMでは、②に対して③を乗じて対象会社の株式に特定した期待値を算出し、①の「リスクがまったくない投資」への期待値を加算することで、当該株式投資への期待値を算出します。

　株主資本コストを実際に算出する際の②rm－rfの水準は、時代と論者によって幅があるものの、近年は7％前後との見方が広まっています。

　β値は過去の市場全体の変動に対する感応度（株価の感応度）を参考にすることが一般的です。TOPIXと同様に変動する場合には「1倍」が適用され、それよりも高い場合には1倍を超えた倍率が、低い場合には1倍未満の数値が適用されます。

　株価の感応度が高ければリスクおよびリターンへの期待が高まるため、株主資本コストも高まることになりますが、会社にとって資本コストが高いことは好ましくありません。

　IR活動を通じて株式市場と誠実かつ真摯に対話を行なうことにより、株式市場の期待値を適正にコントロールし、株価の感応度を下げることができます。皆さんの普段の業務が、自社の資本コストを低減させる機能を持つ重要な機能であることがわかります。

　経営陣に、自社の株主資本コストや、WACC水準を把握してもらうことは重要です。

　コーポレートガバナンス・コード「原則5－2．経営戦略や経営計画の策定・公表」においても、「経営戦略や経営計画の策定・公表に当たっては、自社の資本コストを的確に把握した上で、収益計画や資本政策の基本的な方針を示すとともに、収益力・資本効率等に関する目標を提示し、その実現のために、事業ポートフォリオの見直しや、設備投資・研究開発投資・人的資本への投資等を含む経営資源の配分等に関し具体的に何を実行

するのかについて、株主に分かりやすい言葉・論理で明確に説明を行うべきである」とあります。

　自社内や専門業者にて資本コストを算出した上で、経営に役立てましょう。

　なお、Bloomberg社はすべての上場会社に対するWACCを推定して公表しています。多くの投資家がBloomberg社のデータを参照しているため、参考にすると良いでしょう。

第5章

IR担当者に必要な
「ESG」の基礎知識

この章では、ESG／サステナビリティと
コーポレートガバナンスについて説明します。

5-1

ESG／サステナビリティとは？

　図表5－1は、ESGの課題を整理する際に筆者が活用している枠組み図です。ESGについて考える際、また他の人々とディスカッションする際に、この枠組み図のどの部分について話しているのかを明確にすることで、有意義な議論が可能になります。

図表5－1 ESG概念図

全体の監督＝【G（ガバナンス）】

機会（SDGs） （ポジティブ・インパクト） 社会の役に立つ	サステナビリティ・リスク（CSR） （ネガティブ・インパクト） 社会に迷惑をかけない
本業　**事業を通じた課題解決** ・事業を通じた社会革新 ・社会課題解決ビジネス ・長期的な視野での事業戦略 CSV≒「SDGs○○番！」	**経営や事業推進における 社会要請への対応** 【E（環境）】 ・環境方針、温室効果ガスの開示と削減 ・エネルギー、水資源使用量の開示と削減　など 【S（社会）】 ・人権方針、人権デューデリジェンス ・雇用／労働慣行（ハラスメント、過重労働）など ※慈善活動ではない!!
本業以外　**社会貢献活動** （慈善活動＝フィランソロピー） 寄付、社員のボランティア活動	

サステナビリティ≒ES（機会＋サステナビリティ・リスク）

　それでは、枠組み図に沿って簡単に説明しましょう。

▶ESGとサステナビリティ

　ESGは、E（Environment：環境）、S（Social：社会）、G（Governance：ガバナンス）で構成されます。

　その中の「E（環境）＋S（社会）」と「サステナビリティ」は、ほぼ同義語です。サステナビリティは「地球と社会の持続可能性」を指します。

　地球と社会の持続可能性を考えない企業は今後、生き残っていくことが

難しくなります。その意味では、サステナビリティと「企業（自社）の持続可能性」は二次的にリンクしていると言えます。

サステナビリティは、「機会」と「サステナビリティ・リスク」に分類できます。

▶機会

機会とは、会社が環境／社会の役に立つ、つまり「ポジティブなインパクトを与える可能性」を指しています。

機会には①「本業を通じた課題解決」と②「本業以外の社会貢献活動」の2つのカテゴリがあります。

①「事業を通じた課題解決」は、投資家が興味を持つポイントです。本業の成長を通じて会社が世の中に与えるポジティブ・インパクトは、スケールが大きくなる可能性を持つと同時に利益創出にもつながるためです。

著名な経済学者であるハーバード大学のマイケル・ポーター教授が「社会課題の解決を行なうことで、経済的価値と社会的価値を共に創造する」ことを目指す「CSV（Creating Shared Value: 共有価値の創造）」を提唱しましたが、これは「事業を通じた課題解決」とまさに同じことを指しています。

このような「事業を通じた課題解決」については、多くの企業がSDGsに関連付けてアピールしています。

事業活動を活性化するためには、財務資本や製造資本、人的資本や知的資本など、様々な資本が必要とされます。昨今、人的・知的資本などに関する積極的な情報開示が求められているのは、事業活動を活性化するために十分な資本を備えていることを、会社が説明する必要があるためです。

②「本業以外の社会貢献活動」は本業で得られたリソースをベースに、「慈善活動」や「ボランティア活動」など、本業以外の活動において世の中にポジティブ・インパクトを与える行為です。インパクトの大きさは一般的に限定的であり、利益を生み出しません。

このような活動はフィランソロピーと呼ばれ、ステークホルダーの一部

に評価されることはあっても、投資家の評価対象からは基本的に除外されます。

▶ サステナビリティ・リスク

　サステナビリティ・リスクとは、企業が環境／社会に「迷惑をかける可能性」、つまり「ネガティブなインパクトを与える懸念」を指しています。

　会社がネガティブ・インパクトを世の中に与え続ければ、販売業者に取り扱ってもらえず、消費者にボイコットされた上に訴訟を起こされるなど、利益を得られなくなります。

　ネガティブ・インパクトの例としては、温室効果ガスを大量に排出したり、化石燃料を大量に使ったり、環境を汚染したりすること（E）、人権を蹂躙したり、労働者を劣悪な環境で働かせたり、労働組合の結成を阻んだりすること（S）などが、挙げられます。

　このようなネガティブ・インパクトを防止するために、会社は「環境」や「人権」「労働慣行」を含む様々な方針を策定し、自社のみならずバリューチェーン（商品やサービスが顧客に提供されるまでの一連の活動を価値の連鎖として捉えたもの）における課題を洗い出す仕組みを構築し、課題解決のための取組みを実施します。

　サステナビリティ・リスクの最小化と解消に取り組むことで、「環境／社会に迷惑をかけることにより会社が将来遭遇するかもしれないリスク」を回避し最小化することが可能となります。

　この活動は、「CSR（シー・エス・アール：Corporate Social Responsibility：企業の社会的責任）」とも呼ばれます。

　CSRを「慈善活動（フィランソロピー）」と誤解している方が多いのですが、**CSRすなわち「サステナビリティ・リスクが意味するネガティブ・インパクトを最小化すること」**と、**寄付行為や地域清掃のような「慈善活動」「ボランティア活動」は本来異なるもの**です。皆さんは混同しないよう、しっかりと理解してください。

▶ 機会とサステナビリティ・リスクの関係

　「機会」と「サステナビリティ・リスク」への取組みは、どちらも大切です。

ただ、どんなにポジティブ・インパクトを世の中に与えたとしても、同時に多くのネガティブ・インパクトを与えていては評価してもらえません。サステナビリティ・リスクは将来の企業価値を大きく毀損する懸念があるため、サステナビリティ・リスクに対する取組みと開示は「規定演技」であり、まず真っ先に着手すべき事項です。

機会への取組みと開示は、いわば「自由演技」であり、規定演技で合格点を取った上で評価されるべき事項です。

サステナビリティ・リスクに取り組むことなく、機会への取組みだけをアピールしていると、ESGウォッシュ（偽ESG）と見なされ、投資家の投資対象リストのみならず、顧客や取引先のバリューチェーンからも除外されるリスクが生じます。

▶ ガバナンス

「G：ガバナンス」には、コーポレートガバナンス、腐敗防止、リスクマネジメント、税の透明性などが含まれています。

「機会」と「サステナビリティ・リスク」を見極め、正しく経営を推進することが「ガバナンス」であるため、ESG概念図においては、すべてを包含するような形にしています。

ガバナンスの中でも根幹となる「コーポレートガバナンス」については次節で説明します。

5-2

コーポレートガバナンス

▶コーポレートガバナンス・コードと
スチュワードシップ・コード

　皆さんはコーポレートガバナンス・コードをご存じでしょうか？

　コーポレートガバナンス・コードは、日本では2015年6月1日に、初めて策定されました。その目的は、日本の上場会社各社が「持続的な成長」と「中長期的な企業価値の向上」のための自律的な対応を行なうことでした。その後、2度の改訂を経て現在の形（2023年現在）になりました。

　会社には、市場区分に応じて定められている「自社が対応すべき各原則」について遵守（コンプライ）する、あるいは遵守しない理由を説明（エクスプレイン）することが求められています。各社はその内容を「コーポレートガバナンス報告書」にまとめています。

　なお、コーポレートガバナンス・コード策定の1年前の2014年に「スチュワードシップ・コード」が策定されました。これは機関投資家が、自社の顧客（アセットオーナー）と投資先企業の双方を視野に入れ、「責任ある機関投資家」として「スチュワードシップ責任」を果たすために有用と考えられる諸原則を定めたものであり、上場会社に対する「コーポレートガバナンス・コード」と対になるものです。

　このスチュワードシップ・コードでは、機関投資家におけるスチュワードシップ責任について次のように述べています。

　本コードにおいて、「スチュワードシップ責任」とは、機関投資家が、投資先企業やその事業環境等に関する深い理解のほか運用戦略に応じたサステナビリティ（ESG 要素を含む中長期的な持続可能性）の考慮に基づく建設的な「目的を持った対話」（エンゲージメント）などを通じて、当該企業の企業価値の向上や持続的成長を促すことによ

り、「顧客・受益者」（最終受益者を含む。以下同じ。）の中長期的な
投資リターンの拡大を図る責任を意味する。

「責任ある機関投資家」の諸原則≪日本版スチュワードシップ・コード≫より

　スチュワードシップ・コードに該当するものは海外各国でも策定されて
おり、多くの機関投資家がコードの受入れを表明しています。

▶「コーポレートガバナンス」という言葉は何を指すか？

　コーポレートガバナンス・コードでは、「コーポレートガバナンス」に
ついて以下のように説明しています。

会社が、株主をはじめ顧客・従業員・地域社会等の立場を踏まえた上
で、透明・公正かつ迅速・果断な意思決定を行うための仕組み

　これだけでは、何を指しているのか具体的に理解することは難しいと思
いますので、図表5-2をご覧ください。

（図表5-2）　コーポレートガバナンスとマネジメント（執行）の関係性

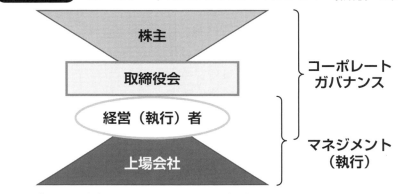

日本コーポレート・ガバナンス・ネットワーク　富永誠一執行役員より

　ここにあるように、コーポレートガバナンスとは「株主」「取締役会」
「経営（執行）者」の関係性を指します。

経営（執行）者による事業運営は「経営（マネジメント／執行）」です。取締役会はその「経営」を監督することで、「会社が、株主をはじめ顧客・従業員・地域社会などの立場を踏まえた上で、透明・公正かつ迅速・果断な意思決定を行う」ように導きます。

コーポレートガバナンスを内部統制やリスク管理、適時開示の「オペレーション」を行なうことであると誤解している方を時々見かけますが、そうではありません。取締役会の役割として「内部統制体制」「リスク管理体制」「適時開示体制」などを構築・整備・監督することが求められているものの、執行取締役以外（社外取締役）が実際のオペレーションを行なうわけではなく、オペレーションは執行側にゆだねられています。

▶ 求められるコーポレートガバナンスの姿

コーポレートガバナンス・コードが制定されたのは、旧来のコーポレートガバナンスでは日本企業が「持続的な成長」と「中長期的な企業価値の向上」を実現することが難しいと考えられたためです。

旧来型の日本企業のイメージは、おおよそ以下のとおりです。

旧来型の日本企業のイメージ

☑平社員が偉くなって、課長、部長になり、取締役になる
　　→つまり、取締役は社内の人がなるものでした
☑取締役の中から、社長（CEO）が選ばれる
☑社長の決断・指示は絶対的なものである
　　→役員や社員は社長の指示に従います
☑後継者については社長が独断で選ぶ

この枠組みの中では、社長が経営において絶対的な権力と影響力を持っています。社長が正しい場合には企業は問題なく成長するのでしょう。しかし、社長が「判断を誤った場合」、あるいは「判断すべき時に判断しなかった場合」には、誰もそれを正すことができず、企業は間違った方向に進みかねません。

一方で、グローバルスタンダードでの企業のイメージは、おおよそ以下

のとおりです。

> **グローバルスタンダードでの企業のイメージ**
>
> ☑株主総会で株主が会社の重要な事項を決定する
> ☑通常、年1回の株主総会では不十分。さらに頻繁な経営状態のチェックが必要
> ☑株主の代表として「取締役」が選任される
> ☑取締役の半数以上が独立社外取締役という形が一般的である
> ☑取締役会が株主の代わりに経営（執行）を監督する
> ☑経営陣幹部の選任／解任は取締役会の重要な役割である

「グローバルスタンダードこそが正解だ」と言いたいわけではありません。旧来の日本の企業体制の優れた面も、もちろんあります。

　グローバルスタンダードの良いところを採り入れつつ、日本の独自性を活かした体制を築き、コーポレートガバナンス・コードに記載される「目指すべき取締役会の姿」を実現することが上場会社に求められているのです。

　IR業務に携わる皆さんは、まずは一度コーポレートガバナンス・コードに目を通してみてください。コーポレートガバナンス・コードは日本取引所グループのホームページで見ることができます[31]。初めてコーポレートガバナンスに接する皆さんには少し難しいかもしれませんが、最初はよく理解できなくても、実際に投資家と対話を重ねるにつれ、内容への理解が進むはずです。

　その上で、自社のコーポレートガバナンス報告書も読んでおきましょう。

▶ 3つの機関設計について

　機関設計とは、会社法に定められた「機関（株主総会・取締役・取締役会・監査役・監査役会・会計参与・会計監査人など）」を、どのように設

31　日本取引所グループホームページ『コーポレートガバナンス・コード（2021年6月版）』https://www.jpx.co.jp/equities/listing/cg/index.html

置するかを設計することです。

　機関設計には、以下の3つが存在します。

①監査役会設置会社

　3名以上の監査役（過半数が社外監査役）で構成される監査役会が取締役の業務執行を監査（監督、検査）する株式会社です。現在日本で最も多くの上場会社が採用している形態です。

②監査等委員会設置会社

　3名以上の取締役（過半数が社外取締役）で構成される監査等委員会が取締役の業務執行を監査する株式会社です。2015年5月施行の改正会社法で、取締役会による経営の監査機能強化の観点から、「監査等委員会設置会社の導入」と「社外取締役を置くことが相当でない理由の開示等」が盛り込まれました。近年、監査役会設置会社から監査等委員会設置会社に移行する会社が増加しています。

③指名委員会等設置会社

　取締役会の中に「指名委員会」「監査委員会」「報酬委員会」の3つの委員会が設置される株式会社です。それぞれ3名以上の取締役で構成されると同時に、各委員会の委員の過半数が社外取締役であることが定められており、株主保護の見地に立った厳正な監督を行なうことが期待されています。なお、業務執行については執行役にゆだねられており、経営の合理化と適正化を目指した制度となっていますが、この機関設計の日本企業はまだ数％にとどまります。

　自社の機関設計が上記のどれに相当するのか、確認しておきましょう。

5-3

マテリアリティとは？

　マテリアリティは日本語で「重要課題」と訳され、サステナビリティ経営における様々な課題の中でも特に大きな影響を及ぼすものを指します。

　1－5でも述べましたが、どんな会社にも課題があり、環境の変化に応じて、課題は変化していきます。そうした課題を洗い出し、認識し、解決すること、同時に「機会」を見いだし、実現性を高めていくことが会社の成長を促します。

　投資家にとって「課題」とは、それを解決することで実現可能となる会社の伸びしろです。会社側は、「どのように課題を解決するのか」「どのように機会を最大化するのか」についての方針と戦略、戦術を株式市場に伝えることで、自社の高い将来価値を示すことができるのです。

　ここでは「シングル・マテリアリティ」「ダブル・マテリアリティ」「ダイナミック・マテリアリティ」について説明します。

図表5－3　シングル・マテリアリティ vs. ダブル・マテリアリティ

① 環境／社会　**影響** ➡ 会社

＊「環境／社会」が「会社」に与える影響
　→「投資家」視点
　例：気候変動が会社に及ぼすインパクト
　　　（財務的影響）

② 環境／社会　⬅ **影響** 会社

＊「会社」が「環境／社会」に与える影響
　→「環境／社会」視点
　例：事業活動が気候変動に及ぼすインパクト

①＝
シングル・マテリアリティ
例：SASB、TCFDなど
アメリカで採用されていることが多い

①＋②＝
ダブル・マテリアリティ
例：GRI、FTSE、UNGPなど
欧州で採用されていることが多い

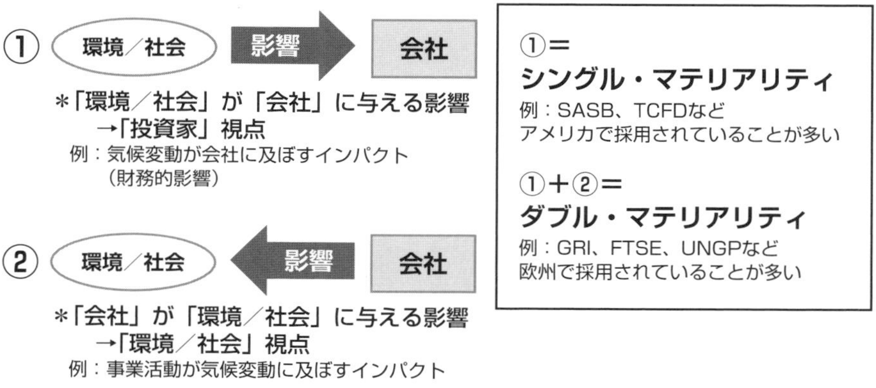

①**環境／社会が会社に与える影響**

「気候変動により雪がなくなれば、スキー場経営にどのような影響が
　あるか」

→これは「投資家視点」です

②**会社が環境／社会に与える影響**

「ある製造企業が温室効果ガスを大量に排出することで、環境にどの
　ような悪影響を与えるか」

→これは「環境／社会視点」です

　①の投資家視点で判断するのがシングル・マテリアリティです。①と②
の両方についてマルチステークホルダー視点で判断するのがダブル・マテ
リアリティです。

　なお、「投資家視点はシングル・マテリアリティ」と言われていても、
事業が環境／社会に与える影響を投資家が考慮しないわけではありません。

　会社が環境／社会に悪い影響を与え続ければ、いずれ社会からは忌避さ
れ、売上・利益が得られなくなります。中長期視点の投資家にとって無視
できる事項ではありません。

　中長期視点に立つ大手アセットオーナーが、アセットマネジャーに対し
てダブル・マテリアリティの視点を求めているため、アセットマネジャー
も事業が環境／社会に与える影響を考慮するようになってきています。

　では、ダイナミック・マテリアリティとはどのような考え方でしょうか？

　**ダイナミック・マテリアリティの考え方は「重点とすべき課題は、時代
と共に変化する動的なものである」**というものです。従来は財務的に重要
ではなかったテーマが、何らかの理由で短期間のうちに事業に重大な悪影
響を与えるようになるなど、そのテーマの影響度合いが時間の経過と共に
変化するという考え方を指します。

　シングル・マテリアリティやダブル・マテリアリティ、ダイナミック・
マテリアリティはお互いを否定し合うものではなく、視点の違いが顕在化

したものです。

　実際に自社のマテリアリティを定めるための基本プロセスは、自社にとっての「機会」と「リスク」をすべて挙げた上で、重要度が大きいものを選定することになります。

5-4

ESG投資

▶ESG投資の動向

ESG投資の資産額は近年急速に増加してきています。Global Sustainable Investment Review（GSIR）2020によると、2020年の世界のESG投資割合は35.9％と、2016年の27.9％、2018年の33.4％に比べて大きく上昇しています。

誤解してはならないのは、いかなるESG投資においても投資リターンが軽視されているわけではないということです。機関投資家はアセットオーナーに対して受託者責任、つまりアセットオーナーの利益を第一に考える義務を負っています。

ESG／サステナビリティ要素を重視するのは、上場会社の中長期的な成長のためにはESG／サステナビリティ要素が不可欠だと投資家が考えているためなのです。

「米国などでESG投資への風当たりが強いため、ESG投資がなくなるかもしれない」という論調を聞くことがありますが、既に説明したとおり、ESG経営は「機会を最大化し、サステナビリティ・リスクを最小化する」ことを目指しているため、たとえ呼び方が変わったとしても本質的な意味でのESG投資はなくならないと筆者は考えます。

ESG投資はESG／サステナビリティ要素を重視して行なう投資全体を指し、実は様々なスタイルが含まれます。図表5－4を見てみましょう。

ここでは、投資資産を7つのスタイルに分類して示しています。

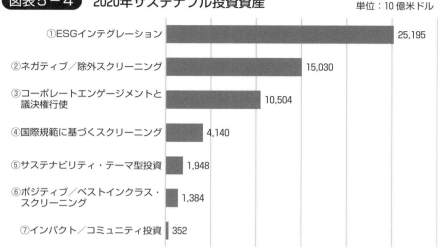

図表5-4　2020年サステナブル投資資産

単位：10億米ドル

- ①ESGインテグレーション　25,195
- ②ネガティブ／除外スクリーニング　15,030
- ③コーポレートエンゲージメントと議決権行使　10,504
- ④国際規範に基づくスクリーニング　4,140
- ⑤サステナビリティ・テーマ型投資　1,948
- ⑥ポジティブ／ベストインクラス・スクリーニング　1,384
- ⑦インパクト／コミュニティ投資　352

Global Sustainable Investment Alliance『Global Sustainable Investment Review 2020』より筆者作成

資産額が大きいものから順に見ていきましょう。

①ESGインテグレーション

財務情報＋非財務情報（ESG情報）を含めて分析をする手法

②ネガティブ／除外スクリーニング

武器、ギャンブル、たばこ、ポルノなど、倫理的でないと定義される特定業種や人権侵害など問題のある活動を行なう会社を投資先から除外する手法

③コーポレートエンゲージメントと議決権行使

株主総会での議決権行使、経営者へのエンゲージメントを実施する手法

④国際規範に基づくスクリーニング

ESGの国際基準をクリアしていない会社を投資先リストから外す手法

⑤サステナビリティ・テーマ型投資

　サステナビリティ関連企業やプロジェクト（持続可能な農業やジェンダー平等など）への投資

⑥ポジティブ／ベストインクラス・スクリーニング

　同一業界の中でESGパフォーマンスに優れている会社に対して行なう投資

⑦インパクト／コミュニティ投資

　環境／社会に貢献する技術やサービスを提供する会社に対して行なう投資

　⑤サステナビリティ・テーマ型投資、⑥ポジティブ／ベストインクラス・スクリーニング、⑦インパクト／コミュニティ投資の３つは、特に「環境／社会へのポジティブな影響（インパクト）」を重視して投資する手法と言えます。ESG投資において先端的な手法と言えますが、その資産額はまだマイノリティです。

　「機会」のみならず「サステナビリティ・リスク」への対応が重要であることが、ここからも理解することができます。

5-5

ESG評価機関

ESG評価機関とは、上場会社のESG関連情報の収集、分析、評価などを行なう機関です。投資家の関心が高いESG課題や投資判断に有用なESG項目を特定し、公開情報や個別の質問票への回答を活用して調査を行ない、「ESGスコア」などの形で機関投資家に提供しています。

「ESGスコア」は、機関投資家がスクリーニング（銘柄選択の際、業績や各種投資指標などの条件を設定すること）など投資判断の一助として利用するほか、「ESG指数」の構築で利用されることが少なくありません（特に、ESG評価機関がESG指数算出機関を兼ねる場合）。ESG指数は、ESG投資の運用において、広範に利用されています。

日本の公的年金を運用するGPIFを例に挙げると、同法人は2017年度からESG指数に基づいた株式投資を行なっています。運用を委託しているパッシブ運用アセットマネジャーを通じ、図表5－5に含まれるESG指数を参考に、組入れ銘柄に沿って資産運用しています。2022年度末時点のESG運用資産額は、12.5兆円となっています。

図表5－5　GPIFが採用するESG指数一覧

※指数および運用額は2023年3月末時点

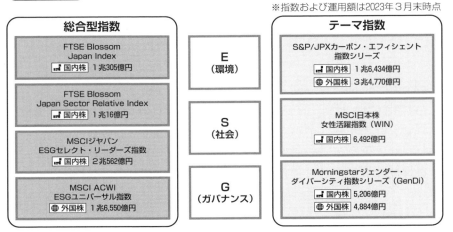

GPIFホームページより

GPIFだけではなく国内外の多くの投資家がESG指数に沿った投資を行なっており、他にも、多くの重要なESG指数やESG評価機関があります。ESG指数はパッシブ運用投資のみならず、アクティブ運用投資におけるベンチマークとしても活用されています。

▶ 主なESG評価機関

　ここでは、日本取引所グループがホームページ内に開設しているJPX ESG Knowledge Hub『ESG評価機関等の紹介』[32]や各社ホームページなどをもとに紹介します。

① CDP

　2000年にロンドンで設立された非営利団体です。気候変動、水セキュリティ、森林減少リスク・コモディティの分野におけるグローバルな情報開示基盤を提供しています。収集した情報は投資家や企業、各国政府に活用されています。

　同団体ホームページで自社名を検索すれば自社のスコアを確認することができます。

② Equileap

　オランダを拠点に、企業のジェンダー関連のデータ収集と評価を行なっています。同社の評価基準・スコアカードなどのデータは、GPIFが採用するESG指数「Morningstar ジェンダー・ダイバーシティ指数（GenDi）」のベースとなっています。

③ FTSE Russell（フッツィー・ラッセル）

　1995年に設立され、ロンドン証券取引所グループ（LSEG）傘下で情報サービス部門を担っています。ESGを含む様々なインデックスと共に、ESGレーティング・データや分析ツールなど、様々な情報や分析サービスを機関投資家向けに提供しています。ESG指数では「FTSE Blossom

32　日本取引所グループホームページ『ESG評価機関等の紹介』https://www.jpx.co.jp/corporate/sustainability/esgknowledgehub/esg-rating/index.html

Japan Index」「FTSE Blossom Japan Sector Relative Index」がGPIFに採用されています。

④ ISS ESG

議決権行使助言会社ISS（Institutional Shareholder Services）のESG投資関連ソリューション事業ユニットです。

同社が提供する「ESG コーポレートレーティング」は、企業の取組みを環境、社会、ガバナンスの観点で評価しています。

⑤ MSCI ESGリサーチ

株価指数算出の大手であるMSCIにおいて、企業の公開情報に基づいたESGに関する評価、分析、格付けを提供しています。

MSCI ESGリサーチのデータを利用したESG指数から、「MSCIジャパン ESGセレクト・リーダーズ指数」「MSCI ACWI ESGユニバーサル指数」「MSCI日本株　女性活躍指数（WIN)」がGPIFに採用されています。

⑥ S&P グローバル・サステナブル1

信用格付けと株価指数算出で著名なS&Pグローバルは、2020年にRobecoSAMのESG調査部門（SAM）を買収し、サービスを提供しています。SAMは1999年に初めて世界の上場会社を対象にCSA（コーポレートサステナビリティ評価）を実施した、ESG評価分野のパイオニア的存在です。

CSAは、ESG指数として最も歴史があり知名度の高い指数の１つである「ダウ・ジョーンズ・サステナビリティ・インデックス（DJSI）」や「S&P 500 ESG指数」「S&P Global ESGデータ」の基礎データとして使用されています。

なお、S&Pグローバルが提供するESG指数としては、「S&P／JPXカーボン・エフィシェント指数」がGPIFに採用されています。

⑦ Sustainalytics

25年以上にわたり、世界中の投資家による責任投資戦略の開発と実践をサポートしてきたリーディングカンパニーです。40を超える産業分類にお

いて分野横断的な専門知識を持つ200名以上のアナリストを有しており、日本を含む世界16拠点において、数百社におよぶ世界有数の資産運用会社や年金基金と提携しています。サステイナリティクスの基幹プロダクトはESG リスクレーティングです。

2020年にMorningstarが買収し、現在は同グループの一員となっています。

⑧ Moody's

2016年に仏Vigeoと英EIRISが合併して誕生したVigeo Eirisが、2019年に米国の信用格付け機関であるムーディーズ・グループ傘下に入り、ムーディーズ・アナリティックスとして、独自の指標に基づいたESGスコアを提供しています。

▶ その他の参考資料

① SASB（サスビー：Sustainability Accounting Standards Board：サステナビリティ会計基準審議会）スタンダード

評価機関ではありませんが、皆さんが投資家と対話する中で「SASBスタンダード」という名を聞くことがあるかもしれません。これはIFRS財団のISSB（International Sustainability Standards Board）が設定する、11セクター77業種に分類された「非財務情報の開示スタンダード」です。企業の財務パフォーマンスに影響を与える可能性が高いサステナビリティ課題（※シングル・マテリアリティ）を業種ごとに特定しています。

SASBホームページ内[33]の「Download SASB Standards」で、「Company Search」という欄に自社名を入力してみてください。自社が含まれる業種のスタンダード（日本語版もあります）をダウンロードすることが可能です。

もし自社名を入れても「No results found（結果なし）」と出るようであれば、同業他社の社名を入れて業種を確認の上、ページ下部分にあるスタンダードをダウンロードすれば参考にすることができます。

33　https://www.sasb.org/standards/download/?lang = en-us

② JPX-QUICK ESG課題解説集

2022年3月、日本取引所グループと（株）QUICKが「JPX-QUICK ESG課題解説集 ～情報開示推進のために～」を共同で制作、発表しました。

同解説集は、ESG／サステナビリティで求められていることを理解するために非常に役立つ資料となっています。

日本取引所グループのホームページ[34]から資料をダウンロードすることができますので、一読してみましょう。

この解説集には「人権」など、どのような事業活動であっても関連性が高く各社が取組み／開示を行なう必要がある項目も含まれていますが、たとえば「環境／資源循環」の重要性は製造業と非製造業では異なります。

各社、「マテリアリティ＝重要課題」を定めた上で必要な項目について取り組むと良いでしょう。

▶ 有価証券報告書におけるサステナビリティ開示

2023年3月期より、有価証券報告書にサステナビリティ情報の「記載欄」が新設され、「ガバナンス」「リスク管理」についてはすべての上場会社が開示することとなりました（「戦略」「指標及び目標」については各社重要性を踏まえて開示を判断）。

また、人的資本については「人材育成方針」「社内環境整備方針」に加え、これらの方針に関連する指標の内容や目標、実績の開示が求められることとなりました。

「従業員の状況等」においては、既存の項目に加えて「女性管理職比率」「男性育児休業取得率」「男女間賃金格差」が、また「コーポレート・ガバナンスの状況」においては、「取締役会等の活動状況」の開示が義務付けられました[35]。

34　日本取引所グループホームページ『JPX-QUICK ESG課題解説集 ～情報開示推進のために～』https://www.jpx.co.jp/corporate/news/news-releases/0090/20220330-01.html

35　金融庁『金融審議会ディスクロージャーWG報告（2022年6月）を踏まえた内閣府令改正の概要』https://www.fsa.go.jp/policy/kaiji/sustainability01.pdf

今後もサステナビリティ情報の更なる開示が求められることが予想されますが、「開示のためにサステナビリティに取り組む」のではなく、自社の将来の機会を最大化し、リスクを最小化することを念頭に、能動的に取り組むことを意識しましょう[36]。

36　ESGについてさらに詳しく学びたい場合は、拙著『「株主との対話」ガイドブック』（2023年、中央経済社）を参照してください。

第**6**章

IRサイトの構築と運営

この章では、IR活動のベースとなる
IRサイトの構築と運営について説明します。

6-1

IRサイトの構築と運営

▶IRサイトの意義

　法定開示はEDINET、適時開示はTDnetを通じて行ないますが、法定／適時開示情報に加えて任意開示情報をまとめて提供するプラットフォームとなるのがIRサイト（自社ホームページ上の投資家向け情報掲載ページ）です。

　会社について調べようとする時、投資家は各社のIRサイトを訪問します。主要なタイミングとしては、以下が挙げられるでしょう。

☑投資対象候補となっている会社について、投資判断を行なうための情報を集める時
☑決算や買収案件など、様々な発表の詳細を知りたい時
☑株式を保有している上場会社の非財務情報の最新情報や資料など（統合報告書、コーポレートガバナンス報告書、ファクトブックなど）を確認したい時

　IRサイトの整備・運営を「地味なルーティン作業」と思ってはいけません。IRサイトは、IR活動のベースとなる非常に重要な役割を果たしています。

▶IRサイト運営上の留意点

　IRサイトは、24時間世界のどこからでもアクセスが可能です。そのため、運営においては主に以下の3点に留意する必要があります。

①正確性
　一度掲載した情報は、掲載後すぐに誰でも閲覧・ダウンロードすること

が可能になります。閲覧された情報もそうですが、特に一度ダウンロード
された資料を差し替えることはできません。そのため、掲載情報・資料の
正確性には十分留意すべきです。

②網羅性

　IRサイトでは必要な情報が掲載されていること、つまり「情報の網羅性」
が求められます。投資判断に必要十分な情報が掲載されていない、あるい
は掲載場所がすぐに見つからないような不親切なIRサイトになっていると、
投資家が情報収集に時間を要し、場合によっては途中で投資の検討を放棄
してしまうリスクが生じます。

　投資判断に必要な重要情報が統合報告書や決算説明会資料、補足資料な
どに分散して記載されている場合も要注意です。様々な資料すべてを確認
しなければ全体像がわからない状況では、投資家に多大な負担がかかりま
す。

　重要な情報や資料がすべてIRサイトに掲載されており、財務／非財務
データについては過去からのトレンドを一覧表の形式で確認できる状態が
必要です。

　掲載すべき具体的な情報／資料については、次項の「掲載情報／資料」
を確認してください。

　また、日頃のIR活動において様々な情報開示や新たな資料の作成を行
なった際には「IRサイトに掲載漏れしていないか？」と必ず自問しまし
ょう。

　この意識がないと、重要なことが大きく抜け落ちた「役に立たないIR
サイト」になってしまいます。IRサイトの担当者を定め、担当者を中心
に抜け漏れの発生がないよう留意しましょう。

③適時性

　決算発表や買収案件の発表などについて、詳細な情報を入手しようと投
資家がIRサイトを閲覧した際に、情報の更新が遅く、最新情報が提示さ
れていないという状況は避けるべきです。

　TDnetやEDINET登録情報であれば、公開後すぐにIRサイトへの掲載

を実施しましょう。ただし、TDnetやEDINETよりも前にIRサイトに掲載されるという「事故」は絶対に防がなければなりません。掲載タイミングには十分注意しましょう。

TDnetやEDINETへの登録が必要とされない補足資料についても、定期的な掲載タイミングを決めた上で漏れなく掲載しましょう。

▶掲載情報／資料

初めてIRサイトを構築する際や、構成を見直す際には、高い評価を受けている他社のサイトを参照したり、コンサルティング会社のIRサイト評価基準を参照してみましょう。

特に上場時に構築したIRサイトは必要最低限の情報しか含まれていないことが多いため、そのフレームワークのまま使い続けるべきではありません。

上場後、投資家／アナリストとの対話を通じて「投資判断に必要な情報が何か」についての会社側の理解が深まっているはずですので、**一定期間（2年程度）経過後に見直すことを推奨します。**

図表6－1、6－2は、大和インベスター・リレーションズ(株)「インターネットIR表彰」と(株)ブロードバンドセキュリティ　ゴメス・コンサルティング本部「Gomez IRサイトランキング」の審査項目です。

自社のIRサイトに含まれている情報と照らし合わせて、追加すべき情報を抽出しましょう。

また、上記表彰制度やランキングで優秀とされる会社の中から同業他社を含めた10社程度を選定し、項目ごとに整理した上で自社IRサイト項目と比較しましょう。

このように第三者の表彰制度やランキングを自社IRサイトやIR活動改善のために役立てることは有効です。しかし、見誤ってはいけないことは**「表彰制度やランキングで上位を取ることが最終目的ではない」**ということです。

自社の株主や潜在株主である投資家、セルサイド・アナリストの自社に対する理解を深め、相互コミュニケーションを行なうことで、**投資家に株式保有をしてもらいながらフィードバックを経営に活用し、企業価値を最**

大化することがIR活動の目的です。

　表彰制度やランキングは、そのための手段だということを理解し、目の前の株主や投資家のニーズや要請を決して見失わないようにしましょう。

図表6-1 インターネットIR表彰2022の審査項目

大和インベスター・リレーションズ(株)
「インターネットIR表彰2022」審査項目

■一次審査基準
インターネットIR基本項目
① 適時開示情報の掲載状況
② 決算短信の掲載状況
③ 有価証券報告書の掲載状況
④ 任意刊行物の掲載状況
⑤ プレゼンテーション資料の掲載状況
⑥ 証券コード
⑦ サステナビリティ方針
⑧ コーポレート・ガバナンスの掲載状況
⑨ 外国語サイトの設置
⑩ お問い合わせ先の表示

■二次審査基準
定量的評価基準である大和IRスコアボード（日本語版）の評価大項目
① トップページ：トップページがサイト内の情報へ投資家を適切にナビゲートできているか。
② コーポレートプロフィール：自社のビジネスモデル、強み、業界環境などを説明しているか。
③ 経営方針・計画：IRに対する基本的な考え方、方針、体制等ならびに事業計画や経営戦略が説明されているか。
④ サステナビリティ：法制度やトレンドを意識し、対話に必要なESG情報を提供できているか。
⑤ 株式・株価情報：株式情報、株主還元情報など投資に必要な情報を提供できているか。
⑥ 財務データ：主要な財務情報の掲載や財務データなどを投資家の立場に立った内容及び方法で提供しているか。
⑦ IRライブラリー：IRに関連する資料が、十分な種類、量、アーカイブで提供されているか。
⑧ プレゼンテーション：すべての投資家に公平な情報伝達を図るべく、IRイベントに関する情報を十分に掲載しているか。
⑨ サイト使用時の留意事項：投資家が利用するにあたって、IRサイトとしての必要な注意がなされているか。
⑩ コンタクト：投資家とのコミュニケーションを図るため、双方向性を意識したサイト運営がなされているか。
⑪ ユーザビリティ：ユーザビリティの向上が図られているか。
⑫ ICT利活用：IT技術及び新たなデバイスへの対応ができているか。

図表6-2 Gomez「IRサイトランキング」の評価軸と配点

（株）ブロードバンドセキュリティ　ゴメス・コンサルティング本部 「Gomez IRサイトランキング」審査項目

(1)　ウェブサイトの使いやすさ（配点：24%）

　IR情報を提供するウェブサイト全体のユーザビリティを評価するカテゴリです。情報の見つけやすさや各コンテンツの見やすさ・使いやすさ、ウェブ・アクセシビリティ基準への対応状況等を総合的に評価します。具体的には、以下の5つの領域から評価を行います。

・メニューとナビゲーション　　　　・デザインとアクセシビリティ
・情報検索機能　　・サイトの表示速度　　・PDFファイルの使いやすさ

(2)　財務・決算情報の充実度（配点：30%）

　財務や決算に関する情報量を評価するカテゴリです。ウェブサイト上に掲載されたディスクロージャー資料や説明会情報など、主に業績を中心とする定量的な情報の充実度を総合的に評価します。具体的には、以下の5つの領域から評価を行います。

・決算概況と業績ハイライト　　　・ディスクロージャー資料
・決算イベントとプレゼンテーション　　・株価と株主還元
・株式手続きと債券情報

(3)　企業・経営情報の充実度（配点：23%）

　企業や経営に関する情報量を評価するカテゴリです。会社情報、経営戦略、コーポレートガバナンスやCSRなど、企業に関する定性的な情報の充実度を総合的に評価します。具体的には、以下の5つの領域から評価を行います。

・会社情報と沿革　　　・取締役とガバナンス情報　　　・事業内容と経営戦略
・サステナビリティへの取り組み　　　・規約とポリシー

(4)　情報開示の積極性・先進性（配点：23%）

　基本情報の一歩先を進んだ情報開示を評価するカテゴリです。個人投資家向け情報や英語による情報開示などのコンテンツ面、動画・音声配信、ソーシャルメディア、スマートフォン対応などの機能面の両面から評価します。具体的には、以下の5つの領域から評価を行います。

・英語による情報開示　　　・動画とソーシャルメディア
・ニュースリリースと問い合わせ　　・マルチデバイス対応
・個人投資家への情報発信

6-2

英語版IRサイト

　プライム市場上場会社など、海外投資家が株主に含まれている会社や海外投資家をターゲットにしている会社については、IRサイトの英語版を充実させる必要があります。

　英語版IRサイトにおいて、重視すべき点は以下の3点です。

英語版IRサイトで重視すべき点

①IRサイトに掲載されている日本語の情報／資料のすべてを英語で提供する

②情報掲載タイミングを日英同時にする

③英語の質とスピードのバランスを取る

　それぞれの項目について説明します。

①IRサイトに掲載されている日本語の情報／資料のすべてを英語で提供する

　時折、英語版ページを1ページだけ作成し、決算発表資料などを掲載することで「英語資料のまとめページ」としている会社を見かけます。

　IRサイトに含まれる日本語の情報は、投資判断に必要だと考えるからこそ提供しているはずです。**日本の投資家にとって必要な情報は、海外投資家にとっても当然必要なので、公平に提供することが「基本動作」となります。**日本語版サイト1ページに対して、英語版サイト1ページとなるように、**ミラーのような形で英語版ページを作成**しましょう。

　ただし、株式関連手続き[37]など、海外投資家に関係のない情報については英語で記載する必要はありません。

37　株式関連手続き：名義書換え、株主名簿登録住所の変更などの手続き。

②情報掲載タイミングを日英同時にする

　海外投資家が株主に含まれている会社や、海外投資家をターゲットとする会社は、英語版資料の公開を日本語資料と同時に実施することが必須です。英語版資料の掲載が遅くなることで、海外投資家への情報提供が不公平になることは絶対に避けなければなりません。

　決算発表などで、「日本語版資料の完成がぎりぎりになるため、英語版資料が遅れる」というのであれば、日本語版資料の作成スケジュールに問題があります。英語版資料同時公開の重要性への経営陣の理解を促し、資料作成スケジュールを前倒しにすることで同時公開を目指してください。

③英語の質とスピードのバランスを取る

　英語版サイトにおける英語表記は、必ず専門の翻訳者に（社内に正しい英文作成ができるメンバーがいる場合には社内で）作成してもらいましょう。

　正確性や英語の質に注意しつつ、わかりやすい表現を使うように心がけます。会社ごとの「特殊な単語や言い回し」「過去に使った表現方法」があるでしょうから、社外の翻訳者に依頼する場合は、できれば最低2人、会社を良く知る「お馴染み翻訳者」を確保できると良いでしょう。

　翻訳者は外国語のプロではありますが、事業の専門家ではありません。翻訳してもらった英文は、必ず社内で情報や表現の正確性・妥当性を確認してください。最適な形に修正した場合には、忘れずに翻訳者にフィードバックしましょう。次回以降の大きな改善をもたらし、翻訳者のスキルアップにつながると同時に、皆さんの会社の英語版資料の質を高めることになります。

　通訳者についても同様です。2人以上の「お馴染み通訳者」を確保し、フィードバックして改善につなげます。外部の優秀な専門家を大切に活用することは、IR活動、つまり「株式市場との対話」の重要な土台をつくるために必要なことです。

　英語の質は大事ですが、一方で**「スピード」とのバランスも大切**です。特にIRサイトにPDFの形式で掲載する決算発表関連資料やリリース資料は短期間で仕上げる必要があり、英文の推敲を重ねる時間がありません。

「締切時間が決まった資料の翻訳」については、「誤解を与えず正確であること」を最重視します。一方で、IRサイトの「トップメッセージ」などについては推敲を繰り返し、ネイティブスピーカーのエディター（校正担当者）に依頼することで、アピール性が高く洗練された英文に仕上げましょう。

第7章
株式保有状況の把握と
コンタクトデータベースの整備

自社の株主を把握すること、投資家やアナリストとの
コンタクト状況を記録することは、IR活動の基本です。
この章では、その方法について説明します。

7-1

株式保有状況の確認

　投資家と対話する際には3－2に記載した「投資家が属するカテゴリ」や3－4に記載した「運用スタイル」、1－6に記載した資産提供者（アセットオーナー）を事前に確認することが重要です。それに加えて、対話相手による自社の株式の保有状況を把握することも、意義深い対話を実施するために必要となります。

　「株主かどうかを知るには株主名簿を確認すればよい」と皆さんは思うかもしれませんが、残念ながら**株主名簿だけでは不十分**です。

　たしかに、個人株主の名前や住所については株主名簿で把握することができます。また、国内投資信託などによる保有状況についても、株主名簿に付随する「投資信託・年金信託組入合計表」「証券投資信託・年金信託等設定状況一覧表」で確認することが可能です。

　一方、海外投資家や国内の年金基金の委託を受けたアセットマネジャー等が株主となっている場合は、実質的に投資判断を行なっているのが誰か、株主名簿を参照するだけではわかりません。

　株主名簿において海外投資家や年金基金関連の保有分は、機関投資家の常任代理人（カストディアン）を務める信託銀行の社名が記載されているため、実質的な株主が誰なのか判別できなくなっているのです。このことは、日本の株式市場全体の課題となっており、改善のための取組みが検討されています。

　それでは会社は、実質的な株主をどのように調べれば良いのでしょうか？

　ここでは、①大量保有報告書の確認、②投資家データベースの活用、③実質株主判明調査の実施という3通りの方法について説明します。

▶大量保有報告書の確認

　投資家が上場会社の株式を発行済株式数の5％超保有した場合には、金

融商品取引法に基づき「大量保有報告書」の提出が義務付けられています。原則として５％超を保有することになった日から５日以内に提出する義務があり、その後も保有割合が１％以上増減した場合に「変更報告書」の提出義務が生じます。

　大量保有報告書は「EDINET（エディネット）」で確認することができますので、自社に関する報告書が登録された場合にお知らせが来るよう、EDINETに自社のグループメールを登録しておきましょう。

▶ 投資家データベースの活用

　投資家データベースとは、IR支援会社各社が有料で提供するツールです。

　機関投資家の基本情報（プロフィール、運用資産、投資スタイル、アクティビスト活動の有無など）に加え機関投資家の株式保有状況を、公開情報（大量保有報告書、運用報告書など）に基づきデータベース化しています。

　図表７－１、７－２は、ある上場会社の株主情報です。

　株主名簿を元にした「大株主の状況」（図表７－１）では信託銀行等の常任代理人の社名が並んでおり、IR活動のターゲットすべき相手が見えてきません。

　一方、投資家データベース（図表７－２）を参照することにより、Nomura Asset Management Co., Ltd.（野村アセットマネジメント株式会社：国内大手機関投資家）やBlackRock Fund Advisors（ブラックロック・ファンド・アドバイザーズ：グローバルな資産運用会社）など、実際に資産を運用しているアセットマネジャー名が判明し、IR活動のターゲットを明らかにすることができます。

　さらに投資家データベースを活用すれば、自社に関する株主情報のみならず同業他社の情報を確認することができるため、投資家ターゲティングなどに活用することができます。

株主名簿に基づいた「大株主の状況」

A社の例

	株主名	持株数	持株比率
1	日本マスタートラスト信託銀行（株） （信託口）	XXXXXX 株	XX.X ％
2	（株）日本カストディ銀行 （信託口）	XXXXXX 株	XX.X ％
3	SSBTC CLIENT OMNIBUS ACCOUNT （常任代理人　香港上海銀行東京支店）	XXXXXX 株	XX.X ％
4	THE BANK OF NEW YORK MELLON AS DEPOSITARY BANK FOR DR HOLDERS （常任代理人　（株）三菱ＵＦＪ銀行）	XXXXXX 株	XX.X ％
5	STATE STREET BANK WEST CLIENT-TREATY 505234 （常任代理人　（株）みずほ銀行決済営業部）	XXXXXX 株	XX.X ％
6	日本マスタートラスト信託銀行（株） （明治安田生命保険相互会社・退職給付信託口）	XXXXXX 株	XX.X ％
7	JP MORGAN CHASE BANK 385781 （常任代理人　（株）みずほ銀行決済営業部）	XXXXXX 株	XX.X ％
8	JPモルガン証券（株）	XXXXXX 株	XX.X ％

A社ホームページより筆者作成

図表７−２　㈱みんせつ　投資家データベースによる「大株主情報」

Top 15 Institutions

Rank	Type	%OS	Position (000)	Pos Chg (000) [Recent]	Mkt Val (MM)	% Port	Activism	Report Date	Source
-	**Total**	**28.61**	**3,630,273**	504,190	24,136	-	-	-	-
-	Institutions	19.37	2,457,480	679,548	16,339	-	-	-	-
1	Nomura Asset Management Co., Ltd.	3.49	443,103	-3,488	2,946	1.16	Very Low	04/28/2023	Sum of Funds
2	BlackRock Fund Advisors	3.00	381,197	381,197	2,534	0.07	Medium	01/31/2023	Press Release, News
3	The Vanguard Group, Inc.	2.48	315,066	1,761	2,095	0.03	Very Low	04/30/2023	Sum of Funds
4	BlackRock Japan Co., Ltd.	1.76	222,933	222,933	1,482	1.02	Very Low	01/31/2023	Press Release, News
5	Norges Bank Investment Management	1.71	216,533	10,635	1,440	0.16	Medium	12/31/2022	Sum of Funds
6	Daiwa Asset Management Co. Ltd.	1.58	199,946	-1,560	1,329	1.11	Very Low	04/28/2023	Sum of Funds
7	Nikko Asset Management Co., Ltd.	1.49	189,114	1,169	1,257	0.52	Very Low	04/28/2023	Sum of Funds
8	Mitsubishi UFJ Kokusai Asset Management Co., Ltd.	0.74	94,084	402	626	0.60	Very Low	04/28/2023	Sum of Funds
9	Geode Capital Management LLC	0.58	73,198	1,589	487	0.05	Very Low	04/28/2023	Sum of Funds
10	BlackRock Advisors (UK) Ltd.	0.53	67,258	2,163	447	0.06	Very Low	04/28/2023	Sum of Funds
11	Wellington Management Co. LLP	0.48	61,437	8,525	408	0.06	Very Low	04/28/2023	Sum of Funds
12	Dodge & Cox	0.47	59,057	0	393	0.16	Very Low	03/31/2023	Sum of Funds
13	Massachusetts Financial Services Co.	0.38	48,133	1,323	320	0.07	Very Low	03/31/2023	Sum of Funds
14	Baillie Gifford & Co.	0.34	43,629	10,105	290	0.12	Medium	04/28/2023	Sum of Funds
15	BlackRock Investment Management (UK) Ltd.	0.34	42,793	42,793	285	0.05	Low	01/31/2023	Press Release, News

ファクトセット（FactSet Research Systems, Inc.）より

投資家データベースを提供する主な会社は以下のとおりです。

主なサービス提供会社（50音順）	サービス名
（株）アイ・アール ジャパン	IR-Pro
（株）ウィルズ	IR-navi
ジェイ・ユーラス・アイアール（株）	IR事務支援システム
（株）みんせつ	投資家データベース
S&Pグローバル（IHSマークイットジャパン）	BD Corporate

　投資家データベースには、運用状況を公開する義務がない投資家（年金運用会社など）についての情報が含まれていません。そのため、すべての株主を判明させることはできません（上場会社ごとに異なりますが、判明率は7〜8割と言われています）。しかし、利用料金が比較的安価であること、公開されている投資家情報（プロフィールなど）を広く参照できること、自社のみならず同業他社の株主情報を確認することができることなどから、限られた予算の中で戦略的なIR活動を行なう際に役立つツールとなっています。

▶ 実質株主判明調査の実施

　前述のとおり、投資家データベースは公開情報に基づいて構築されているため、すべての株主が判明するわけではありません。そのため、株主による議決権行使を促進したり、海外ロードショーにおける面談相手を選定する場合など、より高い判明率を求める際には、不足感が生じます。そういった際に実施すべきなのが「実質株主判明調査」です。

　「実質株主判明調査」も、IR支援会社などが提供するサービスの1つです。

実質株主判明調査報告書　表1

Rank	Investor	City	Country	Type	Style	Shares 24 Jun 22	% ISC
1	BlackRock Investment Mgt (Australia)	Sydney	Australia	Super/Pension Fund	Index	4,000,000	4.00%
2	Vanguard Group	Philadelphia	United States	Passive Fund	Index	3,800,000	3.80%
3	State Street Global Advisors	Boston	United States	Passive Fund	Index	3,600,000	3.60%
4	UBS Global Asset Mgt	London	United Kingdom	Passive Fund	Index	3,400,000	3.40%
5	JPMorgan Asset Mgt	London	United Kingdom	Passive Fund	Index	3,000,000	3.00%
6	Dimensional Fund Advisors	Sydney	Australia	Quant Fund	Quant	2,800,000	2.80%
7	Legal & General Investment Mgt	London	United Kingdom	Passive Fund	Index	2,600,000	2.60%
8	Northern Trust Global Investments	Chicago	United States	Passive Fund	Index	2,400,000	2.40%
9	UBS Securities	London	United Kingdom	Broker		2,200,000	2.20%
10	AustralianSuper	Melbourne	Australia	Super/Pension Fund	Multi	2,000,000	2.00%
11	Vinva Investment Mgt	Sydney	Australia	Quant Fund	Quant	1,900,000	1.90%
12	Invesco	Houston	United States	Passive Fund	Index	1,800,000	1.80%
13	Goldman Sachs Asset Mgt	New York	United States	Passive Fund	Index	1,600,000	1.60%
14	FIL Investment Mgt Australia	Sydney	Australia	Active Fund	Multi	1,500,000	1.50%
15	IFM Investors	Melbourne	Australia	Active Fund	Growth	1,500,000	1.50%
16	DWS Investments	Frankfurt	Germany	Passive Fund	Index	1,400,000	1.40%
17	Investors Mutual	Sydney	Australia	Active Fund	Value	1,300,000	1.30%
18	First Sentier Investors - Australian Equities Growth	Sydney	Australia	Active Fund	Growth	1,200,000	1.20%
19	Realindex Investments	Sydney	Australia	Passive Fund	Index	1,200,000	1.20%
20	UniSuper	Melbourne	Australia	Super/Pension Fund	Multi	1,200,000	1.20%

モロー・ソダリ実質株主判明調査より

実質株主判明調査報告書　表2

Influence of ESG Associations

ESG Body	ESG Influence	No. of Investors	%ISC	Name
ESG Service Providers	CDP	29	44.90%	Carbon Disclosure Project
	DJSI	4	12.80%	Dow Jones Sustainability Indices
	FTSE4GOOD	2	4.80%	FTSE4Good Index Series
	MSCI	13	20.70%	MSCI ESG Research Inc
	Regnan	6	11.40%	Regnan
	Sustainalytics	20	31.40%	ESG and Corporate Governance Research Provider
	TPI	12	15.70%	Transition Pathway Initiative
	Trucost	2	3.60%	Trucost ESG Analysis
	WDI	3	3.20%	Workforce Disclosure Initiative
	Vigeo Eiris	6	11.80%	Vigeo Eiris
ESG Frameworks	SASB	15	28.90%	Sustainability Accounting Standards Board
	TCFD	33	49.90%	Task Force on Climate-related Financial Disclosures

モロー・ソダリ実質株主判明調査[38]より

38　同社の調査結果には、株主がどのESG評価機関を参照しているかという情報が含まれます。自社の株主に対して影響力を有している評価機関を把握することは、ESGに関する株主の期待を理解する上で重要です。

投資家データベースに含まれる公開情報に加えて、調査会社が保有する独自のデータと株主名簿に掲載されている常任代理人名を突き合わせたり、投資家へ直接聞き取りを行なうことで、公開情報に含まれていない実質株主を判明させることができます。

年2回の株主名簿確定後に毎回この調査を実施し、株主構成の推移を確認する会社も多く存在します。戦略的にIR活動を行なうためには定期的に実施することが望ましい反面、投資家データベースに比較すると価格が高めでもあるため、自社のニーズや予算に鑑みて実施目的を明確化した上で頻度を検討すると良いでしょう。

実質株主判明調査を提供する会社は多数ありますが、代表的なIR支援会社は以下のとおりです。

主なIR支援会社（50音順）
（株）アイ・アールジャパン
ジェイ・ユーラス・アイアール（株）
日本シェアホルダーサービス（株）
モロー・ソダリ
S&Pグローバル（IHSマークイットジャパン）

信託銀行の多くも同サービスを提供しているため、自社の株主名簿管理人である信託銀行に相談してみることも有効な手段です。

なお、株主か否かを知るための方法は、データベースや調査のみではありません。**データベースや調査結果は過去の情報であるためタイムラグが常に生じており、必ずしも今現在の保有状況を表してはいません。**

投資家とIR面談を行なう際に、面談の最後に「自社の株式の保有の有無」「保有している理由」「保有していない理由」を投資家に聞くことは重要な対話の一部となりますし、リアルタイムでの保有状況の確認となりますので、臆せず尋ねてみると良いでしょう。

ただし、面談の最初に尋ねると、「株主でないと丁寧な対応をしてもらえないかもしれない」と懸念する投資家もいるため、面談の最後に尋ねることをお勧めします。

7-2

コンタクトデータベースの整備

▶ コンタクトデータベースはなぜ必要なのか？

　個別面談（第12章参照）や説明会などの後に行なうべき大切なことは、「効率的かつ正確に記録を残すこと」です。

　「どの投資家といつ会ったか」「その運用会社の誰と会ったか」「相手は自社のどこに強みと課題を見いだしているのか」「自社の事業の成長性への認識の食い違いがどこにあるか」など、いつでも参照できるようにする必要があります。

　記録がないと、どうなってしまうのでしょう？

　四半期に何十件も面談を行なっている場合、よほど記憶力が良い人でも、面談した相手についての詳細な情報と対話内容を正確に覚えておくことは困難です。また、決算説明会の出席者を記録していない場合、説明会で説明したからと重要情報についての言及を割愛したところ、その投資家が説明会に出席していなかったため結果的に説明不足に終わってしまう、ということがあるかもしれません。

　もっと極端な例を挙げると、何度か会っている投資家に「初めまして」と言ってしまった時の先方の心情を想像してみてください。投資家も人間です。気分を害して、それ以降会社を訪問してくれないかもしれません。

　コンタクトデータベースとは、投資家とのコンタクト情報と接触／対話記録をリスト化したものです。

　毎回の面談をゼロから開始するのではなく、回を重ねるごとに対話を深めていくために、コンタクトデータベースと議事録の整備は必須です。

　筆者も、転職先の会社でIR活動を開始する時やアドバイザーに着任する時には、コンタクトデータベースが正しく運用されているかを必ず確認します。

　議事録については12－3を参照いただくこととして、ここではコンタクトデータベースについて説明します。

▶構築・メンテナンスの際に注意すること

　コンタクトデータベースは、エクセルに情報を入力して管理することが可能です。また、前述（7－1）の投資家データベースの中には面談履歴を入力（アップロード）できるものもあるため、それを活用しても良いでしょう。エクセルで作成するにしても、社外のデータベースに記録するにしても、投資家の個人情報やIR面談の記録など、重要な情報を取り扱っているのですから、入力の際には情報セキュリティに関する社内規約などに留意して行ないましょう。

　コンタクトデータベースに記載すべき主な項目は以下のとおりです。なお、機関投資家とセルサイド・アナリスト、そして、そのどちらにも属さない証券会社や銀行の担当者などの「その他」については明確に分類しておきましょう。エクセルを活用するのであれば属性に応じてワークシートを分けるなどの工夫をしましょう。

図表7－5 コンタクトデータベースの記載例

| ① | | ② | ③ | | | ④ | | ⑤ | ⑥ | ⑦ | ⑧ 2023年1Q | | | ⑨ | ⑩ |

社名 （日）	社名 （英）	保有 株式	担当者	肩書	部署	電話 番号	E-mail	住所	都市	言語	面談	対応者	電話/ メール	4/28 決算 説明会 出欠席
Aアセットマネジメント	A Asset Management	××株 2023/4/1	山田太郎	部長	XX	XX	XX	XX	Tokyo	J	2023/5/10	佐藤/斉藤	4/27 電話	○
B Asset Management	B Asset Management	××株 2023/5/2	Mr. John Doe	Director	XX	XX	XX	XX	NY	E	2023/5/22	Smith/伊藤	5/2 メール	×

コンタクトデータベースに記載する内容

①社名

　所属する企業や機関の名称を記載します。

　日本語と英語を混在させると検索の際に混乱が生じます。筆者自身も、同じ会社名がリストの複数個所に分散記載されていたため重複が生じ、大量のデータの整理を行なわざるを得なくなったことがあ

ります。英語社名欄を設定して、国内投資家についても英語の社名を必ず記載し、英語名のアルファベット順で並べるなど入力方針を定め、統一性を保つようにしましょう。

②株式保有状況

判明している株式保有状況（保有の有無、保有株式数）と、情報の最終更新日を明記します。

③担当者の個人名と所属

ファンドマネジャー／アナリストの個人名を記載します。同じ投資会社に複数の担当者がいる場合は、担当者ごとに欄を設けます。

④電話番号／メールアドレス

投資家の電話番号とメールアドレスを記載します。

証券会社のコーポレートアクセス経由で面談をした相手についても、直接連絡できるメールアドレスを面談の際に必ず聞くようにしましょう。

⑤住所

投資家の連絡先住所を記載します。

⑥都市

都市を別欄に記載することで、海外ロードショー準備の際に都市別で抽出しやすくなります。

⑦使用言語

投資家とのコミュニケーションに使用する言語（日本語／英語）を明記します。一斉メールを送付する際などに使います。

⑧個別面談日時・自社側の対応者

個別面談の日時と自社の担当者を記録します。

議事録を参照したい時にすぐに探せるよう、議事録のファイル名とタイトルには日時と投資家名を入れることをお勧めします。

⑨電話／メール問い合わせの履歴

面談以外のイレギュラーなタイミングで電話やメールで問い合わせを受けた際に、概要を入力できるようにします。

⑩説明会などの出席状況

決算説明会などへの出席／欠席を記録します。

前述のとおり、これらの情報は投資家とのコミュニケーションを円滑に行ない、個別面談やIR活動の効果を最大化するために重要です。忙しいからと怠ってしまうと、記憶も記録も失くしてしまい、取り返しがつかなくなってしまいます（子供のころの夏休みの絵日記と一緒です）。

　日々データベースを整備するという地道な作業が、投資家との対話のベースとなっていくのです。

第 **8** 章
決算発表、説明会

この章では、IR活動における一大イベントである、
決算発表、説明会に関する考え方、進め方、注意事項を説明します。

8-1

決算発表関連業務の進め方

▶決算発表に対する考え方

　決算発表はIR部門のみならず会社全体にとって重要なイベントです。四半期ごとに実施する決算発表を、「前四半期の短期業績を発表するイベント」と捉えるのは間違いです。

　企業経営に求められていることは、「長期戦略を立てた上で、バックキャスト（未来から現在へ遡る）し、数年後に到達すべき自社の『マイルストーン（一里塚）』を見据え、そこに到達するための施策を講じる」ことです。そして、四半期はさらに「数年後からバックキャストした1地点」です。

　バックキャストした1地点における事業・業績が予定どおりに進捗しているのであれば、掲げている中長期戦略・施策が正しいということになるでしょう。もしも想定外の着地となっているのであれば、中長期戦略・施策を調整する必要があるかもしれません。その場合、「何が課題となって

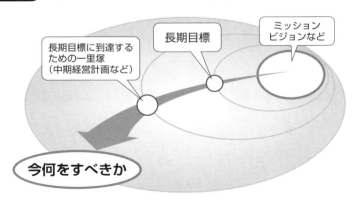

図表8-1　求められるバックキャスト経営

ジェイ・ユーラス・アイアール（株）の資料を元に筆者作成

いて何を解決することで成長していくのか」を投資家に伝えることが求められるでしょう。

　IRに携わる皆さんは決算発表をそのような目で捉え、社内でのディスカッションや決算発表資料の作成に臨んでください。

▶ 決算発表のタイミング

　東京証券取引所による「決算短信等の開示に関する要請事項」には、以下のような記載があります。

〔決算短信の開示時期について〕[39]
・上場会社は、決算の内容が定まったときに、直ちにその内容を開示することが義務付けられていますが、投資者の投資判断に与える影響の重要性を踏まえますと、上場会社においては決算期末の経過後速やかに決算の内容のとりまとめを行うことが望まれます。
・とりわけ、事業年度又は連結会計年度に係る決算については、遅くとも決算期末後45日（45日目が休日である場合は、翌営業日）以内に内容のとりまとめを行い、その開示を行うことが適当であり、決算期末後30日以内（期末が月末である場合は、翌月内）の開示が、より望ましいものと考えられます。

　このように、取引所からは「投資家のために速やかな開示が望ましい」旨の要請があります。では、会社自身にとって早期開示はどのような意味があるのでしょうか？

　前述したとおり、会社にとって決算発表は、バックキャストした1地点における事業・業績であり、経営陣にとって「現時点の状況を改めてチェックする機会」となります。将来の成長に悪影響を及ぼす要素が見つかった場合には、それを認識し速やかに対策を立てる必要があります。四半期ごとの決算発表について、3か月（90日超）の決算情報をまとめるのに45日を要しているのでは、既に足元の四半期が半分終わっているということ

39　日本取引所グループホームページ『決算単信』https://faq.jpx.co.jp/disclo/tse/web/knowledge7142.html

になります。

　もちろん、国内外に多くの連結子会社が存在するなどの理由により、決算情報の分析に時間を要するのであれば必要な時間を確保すべきです。

　しかし、四半期が終了しないうちに足元の四半期の分析を前倒しで行ない、翌月以降、なるべく早いタイミングで決算発表を行なうことで、経営陣の目を過去の四半期ではなく足元の四半期と将来の中長期に向けるよう導くことは、決算発表にかかわる部門の「隠された責務」でもあります。

　決算発表の日程を決める際には、綿密なスケジュールを作成し、資料作成のための十分な時間を確保した上で、早期公表を目指しましょう。可能であれば、決算発表日（決算説明会開催日）が同業他社と同日にならないよう連携を取ることで投資家／アナリストの利便性を高めましょう。

　IR部門の皆さんは、決算発表までに複数の資料を作成すると共に、説明会のロジスティックス（運営）準備をする必要があります。発表翌日からは投資家との個別面談が始まり、場合によっては1日に5件もの面談（通常は1件1時間）が予定されています。面談のスケジューリングや面談相手についての下調べを決算発表準備作業と並行して行なわなければなりませんので、決算発表の1か月前から発表直後はIR部門は繁忙のピークを迎えます。

　多岐にわたる業務をミスなくこなすためには、効率的かつ効果的な進行が必須であり、そのためには適切なスケジュール設定が欠かせません。具体的な決算発表関連スケジュール例を図表8－2にまとめてみました。

　図表だけではわかりづらいと思うので、説明を加えます。社内の準備プロセスは会社によって大きく異なりますので、1つの例として参照してください。

　①IR部員全員が集まり、前四半期の反省会の議事録を確認しましょう。2か月前に話し合ったことが書かれていますが、半分くらいは忘れているはずです。前回の反省をベースに、今回改善すべき点を全員で再確認しましょう。

図表8−2　3月期決算会社の通期決算発表のスケジュール例

	時期	関連部署	確認／確定すべき項目
①	3月16日過ぎ	・IR部門	・前四半期の反省会で挙げられた事項の再確認
②	3月16日過ぎ	・事業部門 ・経理／財務／経営企画部門	・四半期の事業概況（想定内／外の状況確認） ・財務的な着地概要（同上） 　→決算発表にて詳細な説明が必要になる事項の抽出
③	3月20日過ぎ	・事業部門 ・経理／財務／経営企画部門	・主要なポイントとメッセージの合意 ・説明に必要な情報／データの洗い出し
④	4月1日〜5日	・CEO／CFOを含む経営陣	・決算概要の説明 ・決算発表におけるポイントとメッセージの共有、合意
⑤	4月上旬	・決算発表関連部門	・決算資料ドラフト作成
⑥	4月15日前後	・経営陣／決算発表関連部門	・第1回決算発表事前ミーティング：開示資料案の確認
⑦	4月20日前後	・経営陣／決算発表関連部門	・第2回決算発表事前ミーティング：開示資料案の確認、FAQ案の確認
⑧	決算発表 2営業日前 4月26日	・経営陣／決算発表関連部門	・最終決算発表事前ミーティング：開示資料の最終確認 ・FAQの最終確認
⑨	決算発表当日 4月28日	・IR部門、関連部門	・広報などの関係部門に向けた事前説明 ・投資家／アナリストへのサポート
⑩	決算発表翌日 4月29日	・IR部門	・アナリストレポートの収集と確認
⑪	反省会	・IR部門、関連部門	・決算発表準備プロセスを振り返り、良かった点、改善すべき点を洗い出す

　②事業部門と30分程度のミーティングを行ないましょう。1月〜3月の事業概況を聞き、特筆すべき点を洗い出しましょう。財務数値や事業ＫＰＩの着地見込みを確認し、前四半期からのトレンドに変化があるようであれば原因について説明を求めましょう。

　経理／財務／経営企画などの関連部門とも30分程度のミーティングを行ない、特筆すべき事項や変化がないか確認しましょう。

　③事業部門や関連部門から聞き取った内容をまとめ、「今回の決算発表で伝えるべきポイントとメッセージ」を抽出しましょう。順調に進んでいる点だけでなく、「課題」と「解決方法」を必ず入れるように心がけます。

　8−3のコラムにも記載していますが、サプライズは「ポジティブ・サプライズ」であっても「ネガティブ・サプライズ」であっても、良いこと

ではありません。サプライズとなり得ることが将来的に見込まれるのであれば事前に公にその可能性を説明して期待値コントロールをすべきです。そのような試みにもかかわらず、発表内容にサプライズが含まれてしまう場合には、丁寧で詳細な説明が必要ですので慎重に対応しましょう。

聞き取りを行なった事業部門と関連部門に「ポイントとメッセージ」を共有し、違和感がないか確認してもらいましょう。その上でメッセージを強化するための情報／データを特定・抽出してもらえるよう相談しましょう。

④事業部門／関連部門と合意した「ポイントとメッセージ」と、それを支える「情報／データ」をCEOやCFOを含む経営陣に説明し、内容および資料作成スケジュールについて合意を得ましょう。

またCEOやCFOが、上記以外に「今回の決算発表で伝えたいこと」があるようならば、その聞き取りもしましょう。

このタイミングで上記のステップを踏んでおけば、決算発表直前に「ちゃぶ台返し（ほぼ完成しつつあった物事が上長の意向で最初からやり直しになること）」が起きることもなく、準備が順調に進むはずです。

⑤経営陣と合意した内容に沿って、資料の作成を行ないましょう。

⑥最初の「決算発表事前ミーティング」です。

多くの会社では決算短信の確認は簡単に行なうだけ（あるいは行なわない）にとどめ、決算説明会資料（プレゼンテーション資料）をベースにディスカッションを進めます。決算説明会資料上で行なった修正や調整を、会議後に決算短信にも反映させるというプロセスが一般的です。

⑦第1回決算発表事前ミーティングでの指摘事項を改善した資料をベースに再度経営陣と関連部門で確認します。

FAQ（Frequently Asked Questions：想定問答集）のうち重要なものについても、このタイミングで確認します。

⑧決算発表日2営業日前に最終確認を行ないます。プレゼンテーション

資料を使ったリハーサルをしても良いでしょう。「この最終確認後のメッセージや資料の変更は基本的に行なわない」という意識で取り組むと同時に、経営陣にも念押しをしておきましょう。

決算発表日前日や当日にメッセージや資料の修正を行なうと、同時に作成している開示資料や英語版資料における修正漏れが発生したり、「よく考えるとつじつまが合わない」説明になってしまうリスクが生じます。このタイミングを「最終締切日」と関係者全員が認識するようにしましょう。

⑨決算発表当日です。忙しく緊張する1日ですが、準備万端で臨むのであれば大丈夫です。頑張りましょう！

午前中は最終資料の確認、経営陣への資料配布などを行ないます。**正午前後には広報を含む関連部門を対象に、「決算内容事前説明会」を開催し**ます。「プレゼンテーション資料」と「メッセージまとめ」をベースに、決算発表の骨子について説明します。

これにより、決算発表直後、広報担当者にメディアから連絡が入った際にもスムーズな対応ができるようになります。

また、IR部メンバーが数十人の前で決算発表内容について説明することは、翌日からの投資家対応のリハーサルともなります。もちろん公表前の重要情報ですので、取扱いには十分注意するよう、参加者に毎回伝えましょう。

決算説明会が終了した1時間後を目途に、セルサイド・アナリストや投資家（疑問点がありそうな投資家のみ）に「何かご不明な点はありませんか？」と電話連絡します。特にセルサイド・アナリストは翌朝までにレポートを発行しなければならない場合もあるため、当日中に不明点がなくなるようサポートします。

⑩決算発表日の夜から翌日以降、アナリストレポートが発行されます。レポートを収集した上で、誤解などが生じていないことを確認しましょう。誤解などが含まれていることに気付いた際には、当該アナリストと話し合い、正しい理解を促しましょう。

⑪決算発表日以降は個別面談が多く予定されており、別の種類の忙しさ

に巻き込まれるはずです。しかしながら「鉄は熱いうちに打て」。事前に「反省会」の日程を決めておいて、記憶が薄れないうちに必ず実施しましょう。IR活動の改善のために必要なPDCAサイクル（品質を高めるための、Plan：計画 − Do：実行 − Check：測定／評価 − Action：対策／改善の循環プロセス）を回しましょう。

　筆者が決算準備スケジュールを改善しようと考え、上記の取組みを始めた最初の頃は、経営陣のIRに対する考え方や優先順位の相違、実際のスケジュール調整など様々な課題が生じて思いどおりには進められませんでした。しかしながら、毎回課題を明確化して、経営陣や関係各部門の理解を得、課題を解決することにより、徐々に目指すスケジュールどおりに進められるようになりました。

　「一度やったけれど上手く進められなかった」というのはあたりまえのことです。あきらめず継続的に取り組んでみてください。課題を明らかにして取り組むことにより、徐々に変化と改善が実感できるようになると思います。

▶決算発表における「ポイントとメッセージ」

　決算発表時の「ポイントとメッセージ」は、財務情報および事業KPIを含めた様々な非財務情報を参照して作成します。

　皆さんの理解促進のために、再度アイスクリーム屋の簡易的な損益計算書を参照してみましょう。

　まずは、アイスクリーム部門だけを見てみましょう。

☑損益計算書からわかること

　⑪、⑭の欄を見てみましょう。アイスクリームの売上／利益の成長率は鈍化することなく成長しています。大変良いトレンドです。

　⑧の欄を見ると、アイスクリームの利益率は変動しているように見えますが、季節性の影響によるものと思われます。最も売れる2Qの営業利益率は22年は24％、23年は26％と上昇しています。売上高の絶対額が増えたため、固定費の割合が減って利益率が高まったことが想定できます。

　他の四半期についても、22年と23年の営業利益率を比較すると、横ばい

あるいは上昇しています。順調と言えるでしょう。

図表8-3 アイスクリーム屋の損益計算書

	2022年度				2023年度			
	1Q	2Q	3Q	4Q	1Q	2Q	3Q	4Q
①売上高	400	700	300	150	550	1,200	530	370
②アイスクリーム	400	700	300	150	500	1,050	500	350
③かき氷	−	−	−	−	50	150	30	20
④営業利益	80	170	70	20	60	288	95	40
⑤アイスクリーム	80	170	70	20	110	273	115	50
⑥かき氷	−	−	−	−	−50	15	−20	−10
⑦営業利益率	20%	24%	23%	13%	11%	24%	18%	11%
⑧アイスクリーム	20%	24%	23%	13%	22%	26%	23%	14%
⑨かき氷	−	−	−	−	−100%	10%	−67%	−50%
⑩売上高成長率	N/A	N/A	N/A	N/A	+38%	+71%	+77%	+147%
⑪アイスクリーム	N/A	N/A	N/A	N/A	+25%	+50%	+67%	+133%
⑫かき氷	N/A	N/A	N/A	N/A	N/A	N/A	N/A	N/A
⑬営業利益成長率	N/A	N/A	N/A	N/A	−25%	+69%	+36%	+100%
⑭アイスクリーム	N/A	N/A	N/A	N/A	+38%	+61%	+64%	+150%
⑮かき氷	N/A	N/A	N/A	N/A	N/A	N/A	N/A	N/A

※Q＝Quarter（四半期）

☑ポイントとメッセージ

　事業が順調に進んでいることを、数値を使って説明しましょう。

　順風満帆ではありますが、投資家は今後の成長率を想定するために、フレーバーごとの動向や顧客動向、お店の評判も知りたいはずです。顧客数や客単価、フレーバーごとの売上や費用内訳の推移データ、口コミの状況やメディア報道などの定量・定性情報についても共有すると良いでしょう。

　また、順調に成長し続けた際に、どの程度まで事業拡大余地があるのかについても知りたいはずです。アイスクリームの市場、競合状況についての情報を共有すると同時に、今後の通販事業について言及しながら、「なぜ自社が市場シェアを伸ばせるのか」の根拠となる自社の強み／差別化ポイント／戦略についても説明しましょう。

　次にかき氷部門です。

☑ 損益計算書からわかること

③23年に開始したかき氷販売ですが、アイスクリームに比べると売れ行きが芳しくありません。⑥営業利益は2Qにはプラスになったものの、夏以外の四半期については損失が続いています。

かき氷販売開始から1年しか経過していないので、まだ十分なトラックレコード（過去の実績や履歴）はありませんが、今後売上／利益が成長する兆しが見えていないことも事実です。

投資家は「撤退する方が良い」と判断するかもしれません。

☑ ポイントとメッセージ

「撤退の決断」も1つの選択肢です。一度始めた事業だからと言って拘泥することはやめましょう。傷が浅いうちに潔く撤退するのも素晴らしい経営判断となり得ることを皆さんは理解してください。

一方、撤退せず事業を続けるのであれば、投資家を納得させるだけの十分な説明が必要です。

「撤退しない理由」「売上高成長率を改善する策」「利益率を上げる策」などについて十分に練って説明しましょう。「投資家に説明するための準備」は、自社の事業戦略を真剣に考える意義深い機会となります。

それでは、どのように説明するか、例を挙げてみましょう。

☑ 撤退しない理由の例

- ・気温が32度を超えるとアイスクリームよりも、かき氷の売れ行きが良くなる。
- ・気候変動により冬以外の気温が上昇傾向にあるため、アイスクリームよりも、かき氷が好まれる気温の日が今後増えると思われる。
- ・事業全体の持続的な成長のためにも、かき氷事業を続けたい。
- ・ただし、2024年度も通期で営業赤字となるようであれば、撤退を検討したい（撤退基準の明確化）。

☑ 売上高成長率を改善する策の例

- ・従来の商品には「独自色」がなかった。
- ・先月、高品質な天然フルーツシロップとカットフルーツをリーズナブ

ルに卸してくれる農園との契約を結ぶことができたので、今後は独自性が高く、美味しいかき氷を販売する。
- 既にアイスクリームの顧客を多く囲い込んでいるので、クーポンなどを使った販促を実施する。これら施策により売上高を成長させたい。

☑利益率を上げる策の例

- 独自性と付加価値が高いかき氷を提供することで客単価を上げ、利益率向上につなげる予定。
- 売れ行きが悪い10月から3月は販売停止することで、冬季のかき氷関連コストを削減する。
- かき氷製造オペレーションが属人的になっており効率性が低かった。高性能なかき氷マシンを導入すると共に、マニュアルを見直して効率化を図る。

　分析を通じた「ポイントとメッセージ」の策定は、損益計算書のみならず貸借対照表やキャッシュフロー計算書、事業KPIなど、様々な情報を確認した上で行ないましょう。「ポイントとメッセージ」の策定は、事業部門や関連部門と相談しつつ行ないます。現場感覚に基づいた情報は、投資家／アナリストへの説明に大きく役立ちます。

　一方、事業部門や関連部門から上がってくる情報は各部門とも、近くで現場を見ているだけに中長期的な企業価値にかかわる「幹の部分」と、事業全体への影響が限定的な「枝葉の部分」が混在していることがあります。

　もちろん事業運営には「枝葉の部分」、つまり日々の丁寧なフォローアップや新たな試みが重要です。たとえば「店内のごみ箱がいっぱいになって溢れてしまうことが多くあったため、担当者を決めて1時間ごとに回収することにした」という新たな取組みは、オペレーション上は大変重要なことですが、決算発表の場においては「枝葉の部分」となります。

　投資家／アナリストがまず知りたいことは「幹の部分」であるため、軽重判断をした上で説明することが必要です。

　事業部や関連部門から上がってきた情報を、IR部門が冷静に俯瞰的な目で見直すことにより軽重判断を行ない、ポイントとメッセージを構築していきましょう。

8-2

開示資料の種類

　決算発表時の開示資料は、会社によって異なりますが、主に①決算短信、②決算説明会資料（プレゼンテーション資料）、③ファクトブックです。

図表8－4　決算短信 サマリー情報の例（トヨタ自動車）

また、決算発表に合わせて重要な発表をするのであれば、④適時開示資料（IRリリース）などの準備もあわせて必要となります。

▶ 決算短信

上場会社は四半期ごとに決算短信を作成し、TDnetに登録することが義務付けられています。決算短信は「サマリー情報」と「添付資料」で構成されています。決算短信の記載内容は詳細に定められており、主に経理部門が中心となって作成します。

図表8−5　決算短信 添付資料の例（トヨタ自動車）

トヨタ自動車㈱ (7203) 2023年3月期　決算短信

経営成績等の概況

1．経営成績の概況

業績の状況

　当社グループは、お客様の期待を超える「もっといいクルマづくり」に取り組んできました。商品を軸にした経営を進めるため、走る・曲がる・止まるに関わるクルマの基本部分で高い性能を実現した「TNGA（トヨタ・ニュー・グローバル・アーキテクチャー）」、どんなジャンルのクルマでも情熱と責任をもって考えるための「カンパニー制」、各地域の市場特性やお客様ニーズに対応する「地域制」に取り組んだことで、グローバル・フルラインアップでバランスの取れた事業構造に変化しました。これらの取り組みにより、当期に発売したクルマは、TNGAのプラットフォームを活用し、スピーディーに開発・展開が出来ています。また、「クラウン」「GRカローラ」はロングセラーのブランド力を活かし、時代のニーズにあわせたラインアップを構築しています。

　このような状況の中で、当連結会計年度における日本、海外を合わせた自動車の連結販売台数は、882万2千台と、前連結会計年度に比べて59万1千台（7.2%）の増加となりました。日本での販売台数については、206万9千台と、前連結会計年度に比べて14万5千台（7.5%）増加しました。海外においても、675万3千台と、前連結会計年度に比べて44万6千台（7.1%）の増加となりました。

　当連結会計年度の業績については、次のとおりです。

営業収益	37兆1,542億円	（前期比増減	5兆7,747億円 （	18.4%））
営業利益	2兆7,250億円	（前期比増減	△2,706億円 （	△9.0%））
税引前利益	3兆6,687億円	（前期比増減	△3,217億円 （	△8.1%））
親会社の所有者に帰属する当期利益	2兆4,513億円	（前期比増減	△3,987億円 （	△14.0%））

なお、営業利益の主な増減要因は、次のとおりです。

営業面の努力	6,800億円
為替変動の影響	1兆2,800億円
原価改善の努力	△1兆2,900億円
諸経費の増減・低減努力	△5,250億円
その他	△4,156億円

「添付資料」における定性情報（「経営成績に関する説明」「業績予想などの将来予測情報に関する説明」）などについてはIR部門や経営企画部門が作成することが多いので、作成時は経理部門と連携しましょう。決算説明会資料など、他の開示資料の内容との整合性に留意して作成します。

決算短信の作成要領については、日本取引所グループのホームページでも公開されていますが[40]、まずは自社の決算短信にひととおり目を通してみましょう。

▶決算説明会資料（プレゼンテーション資料）

決算説明会の開催頻度は、会社によって異なります。時価総額が大きく投資家の注目度が高い上場会社は一般的に四半期ごとに説明会を開催しますし、半年に一度、あるいは年に一度のみ開催する会社も存在します。決算説明会を毎四半期開催しない場合でも、プレゼンテーション形式の「決算説明会資料」を作成し開示する会社もあります。

決算短信を読むことで事業や業績に対する投資家の理解は進みますが、8－5のコラムで示すように、四半期累計期間ベースで記載されているため、決算短信だけでは不十分です。より有機的で詳細な解説を行ない、投資家の疑問に対する説明が可能な決算説明会は、IR活動において重要な役割を果たします。

決算説明会資料はPowerPointなどを活用し、決算事前ミーティングにおいて策定した「ポイントとメッセージ」を中心にして作成します。

スライドの作成においては「1スライド・1メッセージ」「フォントサイズ・色使い」など、一般的なプレゼンテーション資料作成における注意事項を意識すると共に、決算説明会資料においては、特に以下の点にも留意しましょう。

☑説明時間が15〜20分、長くても30分程度の分量の資料を作成し、質疑応答の時間を十分に（30分前後）取るようにする
☑「枝葉」でなく「幹」を意識した事業説明、業績説明を心がける

40　日本取引所グループホームページ『決算短信作成要領・四半期決算短信作成要領』
https://www.jpx.co.jp/equities/listed-co/format/summary/index.html

☑決算事前ミーティングで経営陣と合意した「ポイントとメッセージ」を効果的に伝えるよう工夫する

☑アピールポイントを挙げるだけでなく、「課題」と「解決方法」が重要だという認識を持つ

☑業績が投資家の想定よりも悪い場合には理由と対策を明確に述べ、より丁寧な説明を心がける。通常よりも詳細な定量情報を含んだ資料を作成する

☑質問に対しては、正面から受け止めて誠実に回答することを心がける

▶ ファクトブック

ファクトブックとは、財務／非財務KPIの実績値や成長率の過去からの推移を年度および四半期ベースで記載したものです。非財務KPIには、事業KPIやサステナビリティKPIなどが含まれます。複数のページにわたったものをファクトブック、一枚にまとめたものをファクトシートと呼ぶことが多いようです。

決算短信と決算説明会資料には、当該決算期の現時点（スナップショット）の情報が記載されています。

投資家が投資判断をする際には、対象企業のスナップショットの情報だけでなく、過去からのトレンド（トラックレコード）を確認します。そのため、ファクトブック／ファクトシートと呼ばれる補足資料を決算発表時に提供すれば、投資家に大いに役立つのです。

実績値を記載すると共に、前年度比／前年同四半期比の成長率を含めると投資家がひと目で成長率推移を確認できるため、利便性が高まります。加えて、自社IRサイトにPDFのみならずExcel形式でも掲載すればダウンロードしてすぐに分析を開始できるため、投資家の利便性を一層高めることができます。

▶ 適時開示資料（IRリリース）

決算発表と同時に適時開示を行なう際には適時開示資料（IRリリース）を準備する必要があります。詳細は11-2をご確認ください。

図表8-6 ファクトブックの例（ディップ㈱）

Income statement / 損益計算書
Million yen / 百万円

	2021年2月期（FY21/2）					2022年2月期（FY22/2）					2023年2月期（FY23/2）					2024年2月期（FY24/2）	
	Q1	Q2	Q3	Q4	通期	Q1	Q2	Q3	Q4	通期	Q1	Q2	Q3	Q4	通期	Q1	Q2
Sales / 売上高	9,168	6,906	8,459	7,960	32,494	9,226	8,387	10,448	11,451	39,515	12,342	11,476	12,899	12,637	49,355	14,027	12,518
YOY increase/decrease	-2,842	-3,907	-3,466	-3,704	-13,921	+58	+1,481	+1,989	+3,491	+7,021	+3,115	+3,088	+2,450	+1,185	+9,840	+1,684	+1,041
YOY growth rate	-23.7%	-36.1%	-29.1%	-31.8%	-30.0%	-0.6%	+21.4%	+23.5%	+43.9%	+21.6%	+33.8%	+36.8%	+23.4%	+10.4%	+24.9%	+13.6%	+9.1%
Cost of sales / 売上原価	801	756	835	909	3,303	1,060	1,092	1,176	1,216	4,545	1,341	1,252	1,331	1,348	5,273	1,450	1,422
Percentage of sales	8.7%	11.0%	9.9%	11.4%	10.2%	11.5%	13.0%	11.3%	10.6%	11.5%	10.9%	10.9%	10.3%	10.7%	10.7%	10.3%	11.4%
YOY increase/decrease	+55	+19	+76	+116	+267	+259	+336	+341	+307	+1,242	+281	+159	+155	+131	+728	+108	+170
YOY growth rate	+7.4%	+2.7%	+54.2%	+67.6%	+56.9%	+32.2%	+44.4%	+40.8%	+33.8%	+37.6%	+26.5%	+14.6%	+13.2%	+10.8%	+16.0%	+8.1%	+13.6%
Gross profit / 売上総利益	8,366	6,149	7,623	7,051	29,191	8,166	7,295	9,272	10,235	34,969	11,001	10,224	11,567	11,288	44,082	12,577	11,096
Percentage of sales	91.3%	89.0%	90.1%	88.6%	89.8%	88.5%	87.0%	88.7%	89.4%	88.5%	89.1%	89.1%	89.7%	89.3%	89.3%	89.7%	88.6%
YOY increase/decrease	-2,898	-3,927	-3,543	-3,819	-14,187	-200	+1,146	+1,649	+3,184	+5,778	+2,834	+2,928	+2,295	+1,053	+9,112	+1,575	+871
YOY growth rate	-25.7%	-39.0%	-31.7%	-35.1%	-32.7%	-2.4%	+21.6%	+56.3%	+45.2%	+19.8%	+34.7%	+40.1%	+24.8%	+10.3%	+26.1%	+14.3%	-8.5%
SG&A / 販売費・一般管理費	5,563	5,210	5,410	5,677	21,878	6,310	6,111	8,455	8,490	29,367	7,843	7,599	7,859	9,242	32,544	9,234	8,206
Percentage of sales	60.7%	75.5%	64.0%	71.3%	67.3%	68.4%	72.9%	80.9%	74.1%	74.3%	63.5%	66.2%	60.9%	73.1%	65.9%	65.8%	65.6%
YOY increase/decrease	-1,944	-1,391	-1,812	-2,012	-7,144	+747	+901	+3,045	+2,813	+7,489	+1,532	+1,487	-596	+752	+3,176	+1,391	+607
YOY growth rate	-25.9%	-21.1%	-25.1%	-26.2%	-24.6%	+13.4%	+17.3%	+56.3%	+49.6%	+34.2%	+24.3%	+24.3%	-7.1%	+8.9%	+10.8%	+17.7%	+8.0%
Personnel costs related expenses / 人件費	3,111	3,271	3,212	3,260	12,856	3,405	3,323	3,654	3,676	14,059	3,955	3,937	3,942	4,717	16,552	5,032	4,879
Percentage of sales	33.9%	47.4%	38.0%	41.0%	39.6%	36.9%	39.6%	35.0%	32.1%	35.6%	32.0%	34.3%	30.6%	37.3%	33.5%	35.9%	39.0%
YOY increase/decrease	-31	+261	+197	+189	+534	+294	+52	+442	+416	+1,203	+549	+614	+287	+1,041	+2,492	+1,076	+942
YOY growth rate	-1.0%	+8.7%	+6.5%	+6.1%	+4.3%	+9.4%	+1.6%	+13.8%	+12.8%	+9.4%	+16.1%	+18.5%	+7.9%	+28.3%	+17.7%	+27.2%	+23.9%
Advertising and promotion expenses / 広告宣伝費・販売促進費	1,421	956	1,166	1,438	4,981	1,871	1,810	3,804	3,733	11,218	2,669	2,521	2,683	3,304	11,177	2,717	1,931
Percentage of sales	15.5%	13.8%	13.8%	18.1%	15.3%	20.3%	21.6%	36.4%	32.6%	28.4%	21.6%	22.0%	20.8%	26.1%	22.6%	19.4%	15.4%
YOY increase/decrease	-1,791	-1,670	-1,480	-1,889	-6,874	+450	+854	+2,640	+2,295	+6,237	+797	+710	-1,121	-428	+1,041	+48	-589
YOY growth rate	-55.8%	-63.6%	-46.9%	-27.6%	-45.1%	+31.0%	+56.5%	+226.8%	+159.6%	+125.2%	+42.6%	+39.3%	-29.5%	-11.5%	-0.4%	+1.8%	-23.4%
Land and office rental / 地代家賃	292	290	288	288	1,159	286	286	285	277	1,137	255	254	256	264	1,030	277	285
Percentage of sales	3.2%	4.2%	3.4%	3.6%	3.6%	3.1%	3.4%	2.7%	2.4%	2.9%	2.1%	2.2%	2.0%	2.1%	2.1%	2.0%	2.3%
YOY increase/decrease	+26	+25	+25	+8	+84	-6	-4	-3	-11	-22	-31	-32	-28	-13	-106	+21	+30
YOY growth rate	+9.9%	+9.7%	+9.7%	+2.4%	+7.9%	-1.9%	-1.0%	-1.0%	-3.8%	-1.9%	-10.2%	-11.2%	-10.2%	-4.9%	-9.3%	+8.6%	+12.2%
Others / その他	737	693	744	689	2,881	746	691	710	803	2,951	963	885	977	956	3,782	1,207	1,109
Percentage of sales	8.0%	10.0%	8.8%	8.7%	8.9%	8.1%	8.2%	6.8%	7.0%	7.5%	7.8%	7.7%	7.6%	7.6%	7.7%	8.6%	8.9%
YOY increase/decrease	-146	-9	-100	-303	-543	+9	-2	-34	+114	+70	+216	+194	+266	+153	+831	+244	+224
YOY growth rate	-16.6%	-1.3%	-11.8%	-30.5%	-15.9%	+1.3%	-0.3%	-4.6%	+16.5%	+2.4%	+29.1%	+28.1%	+37.5%	+19.1%	+28.2%	+25.4%	+25.3%
Operating income / 営業利益	2,803	938	2,213	1,373	7,312	1,856	1,184	817	1,744	5,602	3,158	2,625	3,708	2,046	11,538	3,342	2,889
Percentage of sales	30.6%	13.6%	26.2%	17.3%	22.5%	20.1%	14.1%	7.8%	15.2%	14.2%	25.6%	22.9%	28.7%	16.2%	23.4%	23.8%	23.1%
YOY increase/decrease	-954	-2,535	-1,731	-1,808	-7,044	-947	-246	-1,396	+371	-1,710	+1,301	+1,441	+2,891	+301	+5,935	+184	+264
YOY growth rate	-25.4%	-73.0%	-20.8%	-56.8%	-27.2%	-34.3%	-3.7%	-63.1%	+27.0%	-23.4%	+70.1%	+121.7%	+353.8%	+17.3%	+106.0%	+5.8%	+10.1%
Ordinary income / 経常利益	2,811	937	1,733	1,296	6,501	1,784	1,115	759	1,661	5,320	2,928	2,497	3,717	2,031	11,599	3,276	2,865
Percentage of sales	30.7%	13.6%	20.5%	16.3%	20.0%	19.3%	13.3%	7.3%	14.5%	13.5%	25.0%	21.5%	28.8%	16.1%	23.5%	23.4%	22.9%
YOY increase/decrease	-963	-2,543	-2,218	-1,889	-7,044	-1,027	-974	-974	+365	-1,181	+1,140	+1,357	+2,958	+655	+6,278	+186	+391
YOY growth rate	-25.5%	-73.1%	-56.1%	-59.3%	-52.0%	-36.5%	-46.6%	-56.2%	+28.2%	-18.2%	+63.8%	+121.6%	+389.7%	+39.5%	+118.0%	+6.0%	+15.8%
Net income before income taxes / 税金等調整前当期純利益	2,817	829	-3,272	706	607	1,787	1,304	770	1,133	4,996	2,006	1,685	2,561	1,681	7,935	3,247	2,213
Net income attributable to owners of parent / 親会社株主に帰属する当期純利益	1,930	829	-2,424	509	607	1,204	948	515	819	3,487	2,006	1,685	2,561	1,681	7,935	2,153	2,213
Percentage of sales	21.1%	12.0%	-28.7%	6.4%	1.9%	13.1%	11.3%	4.9%	7.2%	8.8%	16.3%	14.7%	19.9%	13.3%	16.1%	15.4%	17.7%
YOY increase/decrease	-669	-1,498	-5,137	-1,861	-9,405	-726	+119	+2,939	+310	+2,880	+801	+737	+2,046	+862	+4,448	+147	+527
YOY growth rate	-25.8%	-64.4%	-225.9%	-68.5%	-91.2%	-37.6%	+14.9%	-121.2%	+60.5%	+474.5%	+66.5%	+77.8%	+397.2%	+105.2%	+127.5%	+7.3%	+31.3%

8-3

「手持ち資料」を作成する

　決算発表準備は、「開示資料を作成すれば完了」とはなりません。

　説明の際、または様々な質問に対して、CEO／CFO／IR担当者などのスピーカーが、離齬なく説明や回答をするために参照する資料が必要となります。

　「手持ち資料」としては、主に以下のものを用意しておきましょう。

▶ メッセージまとめ

　「今回の決算発表で伝えたいこと」をまとめます。図表8－2の④欄にある「主要なポイントとメッセージ」を軸に構築すると良いでしょう。

　また、決算発表資料が完成に近づいたタイミングで、全開示資料を「まっさらな目」で見直し、「投資家が懸念を抱きそうな点」を再度洗い出すことをお勧めします。気づいたポイントについて追加のメッセージを構築することで、十分な準備が可能となります。

メッセージまとめの作成例

　手持ち資料としてPowerPointの各スライドに、以下の項目ごとに重要ポイントをまとめます。

☑今回の業績におけるハイライト

☑想定よりも良かった点、悪かった点

☑損益計算書、貸借対照表、キャッシュフロー計算書において強調したい点

☑それぞれの事業の状況、事業KPIについて強調したい点

☑投資家／アナリストに今後期待してほしいこと

☑自社が考える「解決したい課題と解決方法」

☑今後の見通し

　（※短期見通しの話をする際も、より中長期の見通しの話を加えることで、投資家の目線を中長期に向ける努力をしましょう）

簡潔かつ明快な「メッセージまとめ」を作成することにより、決算説明会やその後の面談において、スピーカーの皆さんが自信を持って歯切れ良く投資家と対話することができるでしょう。

▶FAQ

　メッセージの「幹」部分については「メッセージまとめ」に記載してあるため、FAQ（エフ・エー・キュー：Frequently Asked Questions：よくあるご質問）においてはより詳細でピンポイントな事項について取り上げましょう。

　「スピーカーがプロアクティブ（積極的）に話すべきこと」は「メッセージまとめ」に、「聞かれたら回答すること」は「FAQ」に含めると良いでしょう。

　時には非開示の情報について聞かれることもあると思いますが、「開示していません」という答え方は、あまりしたくないものです。「会社は株主のもの」という文脈の中では、「この情報は現時点ではまだ共有していない」などと答える方が適切だと考えるためです。

　なお、自社の業績や自社を取り巻く環境変化だけでなく、周辺セクターの事業環境の変化があった際にも、投資家から意見を求められることがあります。FAQ作成の際には高い視座と広い視野で、日本のみならず、世界の動向を見すえて準備しましょう。

　FAQに含めた内容について、必要に応じ、説明スライドを作成することで、より説明しやすくなります。

Column

投資家はポジティブ・サプライズを喜ぶのか？

　皆さんはポジティブ・サプライズという言葉をご存じですか？

　各種経済指標や決算などが発表された際に、市場が予想している数字よりも大幅に良い場合を「ポジティブ・サプライズ」と言います。反対に、予想よりも悪い場合を「ネガティブ・サプライズ」と言います。

　「中長期的な視点の投資家は、ネガティブ・サプライズのみならずポジティブ・サプライズも求めていません」と経営者の皆さまにお伝えすると、「ポジティブ・サプライズがあると株価が上昇するから、株主にとって良いことなのではないか？」と驚かれることがあります。しかし、これは間違った理解です。

　「サプライズが頻発する」原因は、①企業が自社の「事業機会」と「事業リスク」を十分に株式市場に説明していない、あるいは②企業が自社の「事業機会」と「事業リスク」をコントロールできていないことにあります。どちらにしても、**中長期的な視点を持つ投資家にとっては安心して投資しづらい会社**となってしまいます。

　DCF法の計算式とWACCに当てはめてみましょう。「ポジティブ・サプライズ」であっても、それによる株価変動が大きければ、β値を高めることになります。WACCが高くなり、将来キャッシュフローを割り引いた際の現在価値、つまり現時点での時価総額が小さくなる、というのがDCF法に基づいた理論的な説明です（なお、将来キャッシュフローの拡大や現時点での資産増加につながるポジティブ・サプライズの場合には、本質的な企業価値や株主価値が向上しますので、現在価値が小さくなるとは一概に言えません）。

　業績数値のみならず、M&Aなどもサプライズの要因となり得ます。この場合重要なのは、投資家／アナリストが自社が対象会社を買収するロジックをすぐに理解できる状況にあるか否かだと考えます。

自社の事業の強みと課題を十分に理解している投資家／アナリストであれば、買収案件の発表を聞いた時すぐに「以前から説明されていた課題を解決するための買収なのだな」などと理解できるため、本質的なサプライズにはなりません。

　一方、既存事業とまったく関係がない領域の企業に対する買収であれば、投資家／アナリストにとっては「寝耳に水」で大きなサプライズとなり得ます。

　投資家／アナリストが「サプライズ」だと考えそうな事象を発表する際は、「なぜ、その事象が起きたのか」「なぜ、予想できなかったのか」の説明、あるいは「既に伝えていた事象の延長線上にある事象であり、サプライズではないこと」を丁寧に説明しましょう。

英語版資料の開示

2-5で述べたとおり、そもそもプライム市場上場会社は「グローバルな投資家との建設的な対話を中心に据えた企業」と定義されています。そのため、コーポレートガバナンス・コード補充原則ではこのように謳われています。

補充原則3-1②

上場会社は、自社の株主における海外投資家等の比率も踏まえ、合理的な範囲において、英語での情報の開示・提供を進めるべきである。

特に、プライム市場上場会社は、開示書類のうち必要とされる情報について、英語での開示・提供を行うべきである。

プライム市場以外の上場会社についても、海外投資家が株主になっている場合、あるいは海外投資家をターゲットしている場合には、英語資料を提供すべきでしょう。

「海外投資家をターゲットしているものの、現時点では海外投資家の株主はいない。株主になってからで良いだろう」と思われた方がいらっしゃるならば、それは順序が逆です。英語での情報提供を丁寧に行なわない、つまり**海外投資家を大切に扱っていない会社には、よほど明確な成長への確信がなければ海外投資家は投資しません**。

英語資料の質と量が適切であることは当然必要ですが、スピードも重要です。**日本人投資家と外国人投資家の情報入手に時差が生じないように最大限の努力をすべきでしょう**。

また、決算発表後に翻訳作業を行なおうとしても、発表後には投資家面談や問い合わせ対応など、皆さんには他の業務が待っています。資料作成は発表日前に終わらせておくのが賢明でしょう。

それでは、どの資料を翻訳すべきなのでしょうか？

８－２で挙げた３種類の資料の英語版は、すべて同時提供するべきです。IRリリースを公表するのであれば、その英語版も必要です。

　迅速提供する手段として、ファクトブックは、項目名などの見出しを最初から日／英併記にすることで、別途英語版を作成する必要がなくなります。

　決算発表準備に多忙を極める中、可能だろうかと心配になりましたか？　どのような点に留意すれば、決算短信と決算説明会資料の日英同時提供が可能になるのでしょう？

　以下の方法を検討してみてください。

①決算発表準備スケジュールの見直し

　日本語版の原稿自体に日々修正が入る中、誤解を生まない定性的な表現と正確な数値の記載を担保するためには、作成のための一定の日数と「水も漏らさぬ」最終確認が必要となります。

　そのためには、日英同時開示の重要性について経営陣の理解を促し、図表８－２で挙げたスケジュールに初めから「英語版作成プロセス」を組み込んだ上で締切を設定しましょう。

　経営陣に日英同時開示とスケジュール設定の重要性を理解させることは最も重要なことです。まずはIR部門を管掌する役員を説得して理解してもらいましょう。

　また、前述のとおり「ポイントとメッセージ」について事前に経営陣と合意していれば、その後の資料の大幅な変更は発生しないはずです。図表８－２の「３月期決算会社の通期決算発表のスケジュール例」を例とすると、４月15日前後の第１回決算発表事前ミーティングの頃から英語版の作成を日本語版と並行して進めることで、決算発表前日に完成させることが可能となります。

②社外リソースの活用

　IR支援会社に翻訳を依頼する場合には、自社の事業やワーディング（言い回し）に慣れている「お馴染み翻訳者」を確保しましょう。翻訳者が作成した英文について、社員が情報や表現の正確性／妥当性を確認した上で翻訳者にフィードバックすることで、次四半期における翻訳の質とスピー

ドが向上します。

さらに、最近は機械翻訳の質も向上しています。機械翻訳を活用する際には、**日本語版を作成する時から、主語や目的語を明確にするなど、日本語独特の曖昧さを排除する努力**をすると共に、最終的には英語能力が高い社員／支援業者によるチェックを必ず実行するようにしましょう。

ただし、社外の翻訳者や機械翻訳ツールの活用を検討する際には、「未公開の重要情報」を取り扱っていることを認識し、情報セキュリティに十分に留意する必要があります。

③段階的な翻訳作業の推進

日本語版が完成してから翻訳を始めるのでは間に合わないかもしれません。**「既に確定している部分」から翻訳を進め、段階的に完成させる**ようにしましょう。

その場合には、修正漏れや「先祖返り（一度修正した箇所が修正前の状況に戻ってしまうこと）」が生じないよう、最終段階において**複数人で全体チェック**（日本語／英語の最終バージョンの見比べチェック）を行なうことを強くお勧めします。

④「原本システム」のススメ

筆者が決算発表に直接携わっていた時には、日本語版の決算説明会資料がある程度固まった時点（決算発表5営業日前）で、印刷した「原本」をつくっていました。その日以降に発生した修正はファイルに反映すると同時に、印刷した原本に赤字を入れます。

決算発表日前日にメンバーと2人で行なう資料の最終確認作業を、筆者は「校了作業」と呼んでいました。最終版の原稿を印刷し、赤字だらけの原本と1ページずつ見比べていくのです。日英版の最終原稿にこの「原本」を照らし合わせることで、「先祖返り」や「修正漏れ」を防いでいました。

英語の修正漏れが発生しがちな場合には、参考にしてください。

8-5

決算説明会開催の方法と手順

　決算説明会を開催する際、決めるべきことは主に以下のとおりです。

①日時

　決算発表と決算説明会の開催は同日に行なうことを強くお勧めします。説明会を後日開催にすると、詳細な情報を伝えきれていない状況で決算発表後の株式取引が開始されたり、発表後の様々な個別問い合わせに対応することで投資家の間に情報格差が生じると共に、IR担当者が説明会の準備に集中できないなどの問題が生じるためです。

　前述のとおり、可能であれば、説明会の開催日が同業他社と重ならないよう連携を取ることで投資家／アナリストの利便性を高めましょう。

②対象者

　決算説明会を視聴できる人を機関投資家／セルサイド・アナリストに絞ることはお勧めしません。

　決算説明会は、企業分析の専門家である機関投資家／セルサイド・アナリストに向けた設計にすべきですが、だからと言って希望する個人投資家が視聴できないという状況は避けましょう。

　なるべくリアルタイムで視聴できるように設計し、難しい場合には遅くとも当日中に動画をIRサイト上に掲載（オンデマンド配信）するなど、情報提供にタイムラグが生じないよう留意すべきです。

③場所（会場開催／ウェブ配信）

　説明会をリアル会場で開催するのか、ウェブを通じたリアルタイム配信とするのか、あるいは両方を併用するハイブリッド型にするのかを決めましょう。ただし、どの場合でも、事後の視聴が可能になるよう、ウェブでのオンデマンド配信は必須です。

☑ウェブ　リアルタイム配信

　コロナ禍を経て、多くの会社がリアルタイム配信を行なうようになりました。投資家／アナリストの中でも、移動時間を節約するだけでなく、場合によっては複数の会社の説明会を同時に聞くことができるリアルタイム配信を好む人が多いようです。

　会場開催を行なう場合でも、ウェブ上でのリアルタイム配信を実施することが投資家／アナリストの利便性を高めることになります。

　リアルタイム配信の場合、YouTubeを利用してプレゼンテーションのみを配信する会社もあるようですが、決算説明会においては質疑応答時間を取った「相互コミュニケーション」が重要です。リアルタイムで質問を受けつつ、十分な質疑応答時間を取りましょう。

　なお、投資家／アナリストが質問をテキストベース（チャットなど）でしか送れない場合、質問の意図が十分に会社側に伝わらず、充実した質疑応答とならない場合があります。

　リアルタイム配信における質疑応答の際にはテキストベースに加え、音声の質問機能を付加することが望ましいと思われます。

　Zoomなどを活用して、自力でウェブのリアルタイム配信を行なう会社もありますが、質疑応答時など、経営陣のサポートに集中するためには、配信業務を専門家に任せることをお勧めします。

☑ウェブ　オンデマンド配信

　投資家／アナリストは皆さんの会社のみならず、複数の会社をカバーしています。そのため、複数社の決算発表日が重なっている場合には、そのうちのどれか1社を選ばなければならなくなります。会社側がリアルタイムでの会場開催やライブ配信しか行なっていない場合には、投資家／アナリストは決算発表の情報を十分に受け取れなくなるかもしれません。

　そのような状況を回避するために必須なのが、ウェブ上のオンデマンド配信です。質疑応答パートも含めた動画をなるべく決算発表当日中にウェブ上で公開しましょう。

☑会場開催

　会場開催を好む投資家／アナリストは「終了後の担当者との立ち話」

「ライブ感を伴いながら経営陣の雰囲気を感じ取れること」などを理由に挙げます。

一方、「会場のみでの開催はやめてほしい」というのは、投資家／アナリストの切実な声です。移動時間がかかるのみならず、複数社の配信を同時に聞くという荒業が困難になるため、投資家／アナリストに嫌気されます。

会場開催の場合には、上記のとおりウェブ上でのリアルタイム配信とオンデマンド配信をあわせて実施しましょう。

☑ハイブリッド開催

投資家／アナリストにとって最も好ましい形式は「会場開催＋リアルタイム配信＋オンデマンド配信」、つまり、ハイブリッド開催でしょう。投資家にとって参加／視聴のための選択肢が増え、好む方法を選択できるためです。

一方でハイブリッド開催は、リアル会場の設営、ライブ配信やオンデマンド配信の準備と実施、会場とウェブの両方に配慮した進行など、運営の難易度が格段に高くなります。

会場の隅にパソコンを設置し、そこから会場の風景を流すことでウェブ配信を行なう会社もあるようですが、音声が不明瞭であるなど投資家の利便性が低くなりますので、こうした安易なウェブ配信は避けるべきです。

ウェブ配信の質を保つためには、ハイブリッド開催に精通した専門家である説明会開催支援会社のサポートを得た上で実施しましょう。

ただし、資金力や人員などのリソースが不足している会社の場合、無理にハイブリッド形式で開催することにより配信事故を起こすようなリスクは避けるべきです。

十分ではないものの一定のリソースを持つ会社の場合には、たとえば四半期決算はウェブ配信のみ、通期決算はハイブリッドで行なうなど、メリハリを付けても良いと思います。その上で来場者数やリアルタイム配信／オンデマンド配信の視聴者数等の動向を確認し、来場者数が減少傾向にあればウェブ配信のみに移行するなど、PDCAを回していきましょう。

当然のことながら、会場開催やリアルタイム配信、オンデマンド配信、

いずれの場合においても、「公平に情報を提供すること」、つまり「フェアディスクロージャーの遵守を徹底すること」が大前提となります。この点は常に念頭に置く必要があります。

また、決算発表で扱う情報はインサイダー情報にあたります。外部支援会社や社内他部門にサポートを依頼する際には、情報セキュリティに十分注意しましょう。

☑同時通訳

既存株主やターゲットする投資家に海外投資家が含まれている会社は、説明会の同時通訳を検討することをお勧めします。

リアルタイム（会場＆配信）参加者の中に日本語がわからない投資家／アナリストが少数しか含まれていない場合でも、同時通訳を行なって録音することで、英語版オンデマンド配信としてそのまま活用することが可能になります。決算発表当日に公開すれば、その日の夜中に欧州／米国の投資家が確認することができます。翌日の株式市場が始まる前に、海外投資家に公平に情報を提供することで、会社への信頼が高まります。

もちろん、同時通訳者（通常は2人）を依頼して二か国語対応する運用の難易度はかなり高いものとなります。自社のリソースと株主層、ターゲットにする投資家層を勘案しながら検討します。

まとめると、ウェブを通じたリアルタイム配信とオンデマンド配信（質疑応答を含む）は必ず実施すべきであり、可能であればハイブリッド開催が望ましく、さらに対話相手に海外投資家が多いのであれば同時通訳を入れるべき、ということになります。

投資家／アナリストの利便性を第一に考えつつ、一方で自社のリソースや対応能力に鑑みながら最適な形式を選ぶと共に、必要に応じて定期的に見直しましょう。

図表8−7　ハイブリッド開催の様子

説明会会場風景　　　　　　　　　パソコン上の説明会配信画面

画像提供：（株）リンクコーポレイトコミュニケーションズ

※ウェブ配信については、画像・音声が明瞭であること、配信が途切れないことの他に、配信画面にスピーカーの映像と説明中のスライドの2画面が同時に表示されることが望ましい。

図表8−8　運営面での主な確認事項

	リアル会場	ウェブ配信
座席	・余裕を持って想定以上の席数を準備する。後方の席に座る人が多いため、案内係が前方の席に誘導する	・個人投資家を含め多数の視聴者が参加する場合もあるため、視聴可能数の上限には余裕を持たせる
配布資料	・スクリーン、IRサイトの資料を参照してもらうと同時に、希望者には紙媒体を渡せるよう準備しておく	・IRサイト、配信画面の資料を参照してもらう ・説明会案内メールへの資料URL掲載、配信画面からのアクセス設置などで利便性を高める
資料投影	・会場のどの席からも視認性が高い位置にスクリーンが設置されている	・パソコン画面からの共有などにより、資料がウェブ画面上に十分なサイズ／鮮明さで掲載されている ・会場のスクリーンと発表者を含んだ会場の全体像のみを映す方法は不可
発表者の姿	・会場のどの席からも視認性が高い	・ウェブ画面上で表情まで確認できる
質問者	・スピーディに質問者に提供できるよう「マイク係」が待機	・テキストベースに加え、音声の質問機能を付けることが望ましい ・ウェブ上の質問者マイクのON等、適切なタイミングで迅速な対応がなされるよう手配されている
音声	・音割れやハウリングが起きないようマイクおよびスピーカー位置などが調整されており、鮮明に聞こえる	・会場の音響を適切にウェブ配信に接続すると共に、オンライン上の音声が会場に明瞭に伝わるための体制が整えられている

④説明会の構成

　説明会は一般的に1時間前後の長さで開催され、「決算説明会資料をベースにしたプレゼンテーション」と「質疑応答」で構成されます。

　プレゼンテーションの時間は15分から20分が望ましいでしょう。ただし、特に決算内容が想定外に悪い場合には詳細かつ丁寧な説明が必要です。プレゼンテーションを厚めに行なうと共に、十分な質疑応答時間を設定しましょう。反対に、業績が良い場合や株式市場の想定どおりの発表内容の場合は、プレゼンテーション時間は短めで良いでしょう。

決算説明会タイムテーブルの例（16時スタートの場合）

16：00	開始のあいさつ
16：03	プレゼンテーション（20分）
16：23	質疑応答
16：58	終了のあいさつ（すべての質問に回答した場合には、早めに終了する）

⑤スピーカー、質問への回答者

　プレゼンテーションの説明者（スピーカー）は、執行のトップである社長／CEOであることが望まれます。会社によってはCFOやCOOが説明する場合もあります。通期決算と四半期決算で役割分担するのも良いでしょう。

　質問の回答者については、スピーカーに加えて各事業の責任者が務めることも多くあります。「ポイントとメッセージ」の策定で十分にディスカッションし、「メッセージまとめ」「FAQ」を作成しているのであれば、「どの分野の質問に誰が回答するのか」「各質問にはどう回答するのか」が明確なはずです。

　事前の打ち合わせや資料の確認を十分に行なっていないと、説明会の場で慌てることになりますので、念入りな準備をするようにしましょう。

　なお、細かい内容に言及した質問の場合、その場での回答が難しいこともあります。その場合には「確認の上、後日ご連絡します」と伝え、説明会後に直接回答するようにしましょう。回答内容が「適時開示に相当しないまでも投資判断に役立つ情報」だと会社が判断する場合にはIRサイト

に追記し、広く投資家／アナリストに共有しましょう。

　「決算説明会を開催する際に、経営陣が出席者の人数を気にするので、なるべく大勢集めなければならず大変だ」という声をＩＲ担当者から聞くことがあります。

　これも「経営陣がＩＲとＰＲを混同している」ことによる弊害だと思われます。

　機関投資家は１人ひとりが大きな資産を運用しています。人数で効果や重要性を測るべきではありません。開催時の参加人数が少なくても、参加しているアナリスト／ファンドマネジャーの影響が非常に大きい場合もあるため、真剣に、かつ誠意を込めて対応すべきです。忙しくてリアルタイムで参加できない投資家／アナリストは、オンデマンド配信を確認することを経営陣に伝えて理解してもらいましょう。

Column
「四半期累計ベース」と「四半期単体ベース」の記載について

　決算短信における記載は累計期間ベースとなっており、第1四半期は第1四半期のみの業績の記載となりますが、第2四半期であれば「第1四半期＋第2四半期」、第3四半期であれば「第1四半期＋第2四半期＋第3四半期」の決算情報、通期決算であれば「第1四半期＋第2四半期＋第3四半期＋第4四半期」の業績に関する記載となります。第1四半期を除くと、四半期単体を取り出して記載することは義務付けられていません。

　一方、たとえば通期決算において機関投資家は既に第3四半期までの事業状況を十分に理解しているため、発表時には第4四半期単体の事業の状況を知りたいと考えます。ところが累計期間ベースで書かれている短信では、通常は第4四半期を切り離した記載がありません。

　そのため決算説明会資料（プレゼンテーション資料）では、通期ベースの説明を行なうと同時に、第4四半期単体についての事業説明も詳細に行ないます（第1、第2、第3四半期においては四半期単体の説明のみ行なうことが一般的です）。

　さらに、投資家の利便性向上のためには、決算短信の自由記述部分に「参考：四半期情報」として四半期単体の決算情報を記載することを検討すると良いでしょう。

Column
"Advertisement"は間違い？

　英語でやり取りをしていると、単語の発音や略語が国によって、まったく異なることに驚くことがあります。

　たとえば「広告」。当時勤めていた会社では売上／利益の9割以上が広告収入であり、プレゼンテーション資料ではadvertisementの略語 "ad＝アド（アにアクセントあり）" を使っていました。

　ロンドンの投資家と面談していると、相手から聞かれました。

　「このadというのは何だい？」

　主要事業の広告の英略語 "ad" がわからないのかと驚き、"advertisement（ædvertάɪzmənt）" だと説明したところ、"Oh! Advertisement！（ədvə́ːtɪsmənt）" と返されました。前者（アメリカ発音）では、アドバタイズメント、「タイ」の部分にアクセントがありますが、後者（イギリス英語）では、アドバーティスメント、「バー」の部分にアクセントがあります。しかも、略語は「ア」にアクセントを置いた "adverts＝アドバーツ"。

　なるほど、adだけではわからないはずです。それ以降、プレゼンテーション資料には、略さずに記載するようにしました。

　さらに後日、advertisementという単語自体に、翻訳者から指摘が入りました。

　「貴社の資料にはadvertisementではなく、advertisingを使うべきだ」

　消費者目線の「広告」は、advertisement。広告する側の立場からの「広告」は、advertising。

　改めて、常にアンテナを高くし、多様性を受け入れつつ自らのスキルのブラッシュアップに努め、コミュニケーションギャップやコミュニケーションミスを防ぐ必要がある、と意識した出来事でした。

第**9**章
株主総会

この章では、株式会社の最高意思決定機関であると共に、
個人株主とのコミュニケーションを深める機会となる
「株主総会」について説明します。

9-1

株主総会とは？

　株主総会は株式会社の最高意思決定機関であり、会社法の規定により1年に1回以上の開催が義務付けられています。

　事業年度終了後、一定期間（通常は3か月）以内に開催される定時株主総会においては、前年度の事業報告や計算書類の承認などに加え、剰余金の配当や役員の選解任、役員報酬などに関する議案が提出され決議されます。

　株主総会には、原則として議決権を持つ株主が出席します。しかしながら7－1で説明したとおり、多くの場合、「実質的な株主」である機関投資家、特に海外機関投資家の名前は株主名簿に記載されていないため出席できません。そのため、**一般的に機関投資家は株主総会には出席せず、「議決権電子行使プラットフォーム[41]」などを通じて開催前に議決権行使を行ないます。**なお、アクティビストなどの一部の投資家は、あえて自社名が株主名簿に掲載されるような方法で株式を保有し、株主総会に出席することもあります。

　このような背景のもと、アクティビストなどが出席していたり、プロキシーファイト[42]が行なわれている場合を除くと、**一般的に株主総会の主な出席者となるのは個人株主です。**株主総会は最高意思決定機関であると共に、「個人株主とのコミュニケーションを深める機会」という側面も持ち

41　議決権電子行使プラットフォーム：機関投資家の株主総会における議決権行使環境の改善を目的とし、株主総会にかかわる国内外の関係者をシステム・ネットワークで結びつけることにより、議案情報の伝達、議決権の行使、行使結果の集計を一気通貫で行なうサービス。日本では東京証券取引所などが出資する株式会社ICJが提供している。

42　プロキシーファイト（Proxy fight）：経営陣と株主の間で行なわれる委任状争奪戦。

ます。個人株主の参加をより容易にするために、株主総会の開催時間を午後にしたり、開催日を週末にするなど、会社によっては様々な工夫もなされています。

なお、機関投資家が株主総会への参加を希望する場合には、議決権電子行使プラットフォームを活用して議決権行使をした上で、「会場において議決権行使や質問などの株主権行使をしない」ことに同意を得た上で傍聴してもらうケースもあります。

全国株懇連合会が2015年に公表した『グローバルな機関投資家等の株主総会への出席に関するガイドライン』には、自社の基本方針や個別事案の対応方針を策定する際に役立つ参考情報が示されています[43]。

---

43 東京株式懇話会ホームページ『グローバルな機関投資家等の株主総会への出席に関するガイドライン』https://www.kabukon.tokyo/data/guidelines.html

9-2

株主総会においてIR部門が担う役割

　比較的自由に内容を設計することが可能な決算説明会とは異なり、株主総会は会社法などに基づいた厳格な運営が必要とされ、実務上は法務部や総務部が中心的な役割を担うことが一般的です。

　一方、出席者である株主はIR活動の重要な対象者です。日頃から投資家とコミュニケーションをとっているIR部門は、株主を最も深く理解している部門と言えるでしょう。IR部門として、株主総会において担うべき役割を認識した上で、積極的に関与することを心がけましょう。IR部門が株主総会で担う役割は、一般的には以下のとおりです。

①招集通知作成のサポート

　招集通知には、計算書類と事業報告を添付する必要があります。皆さんは、他の開示資料との整合性に留意しつつ、事業報告における「事業の状況」「対処すべき課題」などの記載についてサポートをしましょう。

②議案の理解と説明の準備

　招集通知が公開されると、投資家から議案についての質問を受ける場合があります。尋ねられた際に正しく説明できるように、社内担当部署と事前にすり合わせをしておきましょう。特に機関投資家から反対されそうな議案が含まれている場合には、「その議案に対する自社の見解」を明確に説明できるよう準備しましょう。

③想定問答集作成のサポート

　株主総会の想定問答集は、既に前年度のものがある場合は、それを更新する形で作成します。時流に沿った事柄、特に株主から尋ねられそうな質問事項を挙げ、適切な回答案を準備しましょう。株価に関する質問、直近の日本経済新聞で取り上げられた話題に関連する質問など、株主の視点で考えましょう。

④事業戦略（対処すべき課題）に関するプレゼンテーション資料作成

多くの会社では事業報告に含まれる「対処すべき課題」に対する説明としてプレゼンテーションを行ないます。株主総会の主な出席者は個人株主であるため、**平易な言葉とわかりやすいロジックで自社の事業と成長戦略（機会および課題とその解決方法）について語る**ことができるプレゼンテーション資料を作成しましょう。

出席した株主に「今後もこの会社を応援しよう」と思ってもらえるような資料づくりを意識します。

株主総会運営における各部門の役割分担は、会社によって異なります。

部門間でタスクの抜け漏れが生じないよう、密に連携を取りながらプロアクティブに取り組みましょう。

▶ 議決権行使助言会社

パッシブ運用を行なう機関投資家の場合は特に、保有する株式銘柄数が膨大になります。

その場合、運用者自身が何千社にものぼる会社の招集通知を確認した上で、各議案について賛成／反対を決めることは不可能です。主にこうした**機関投資家が参考にするのが、議決権行使助言会社の推奨内容**です。

議決権行使助言サービス市場は現在寡占状態であり、ISS（アイ・エス・エス：Institutional Shareholder Services）とグラスルイス（Glass Lewis）が主要なプレイヤーとなっています。

両社は各社の招集通知を確認し、顧客である機関投資家に向けて各議案について「賛成」あるいは「反対」を推奨するレポートを発行します。

多くの機関投資家が上記2社のレポートを参考にするため、2社のどちらか、あるいは両社に反対推奨されると議案の賛成率が著しく低下します。

機関投資家の賛成票を得られるかどうか不明な議案を想定している場合には、議案確定前にISSとグラスルイスに事前相談することを検討すると良いでしょう。

なお、近年は議決権行使助言会社との面談を希望する企業が増えたことや、日本国内でもプロキシーファイトが増えたことによる多忙を背景に、株主提案が行なわれている場合を除くと、希望どおりに面談が実現しない

ケースも増えているようです。公表されている議決権行使助言方針に照らし合わせて反対推奨にならないかどうかを社内で確認したり、IR支援会社に相談すると良いでしょう。どうしても議決権行使助言会社に事前相談をしたい場合は、時間に余裕を持ってコンタクトすることをお勧めします。

　株主総会終了後には、各機関投資家株主の議決権行使内容についても確認しましょう。
　自社の株主名簿管理人（信託銀行など）に相談すれば、実質的な株主が判明している範囲で議決権行使結果を共有してくれる可能性があります。可能な範囲で情報を入手し、今後の建設的な対話に活用しましょう。また、議決権行使内容を自社サイト上で公表している投資家もいますので、参考にしましょう。

第10章
その他の説明会の開催

第8章と第9章では、定期的なイベントである
決算説明会と株主総会について説明しました。
この章では、それ以外にどのような説明会が想定されるのか、
インシデントが発生した時にはどうするべきかを説明します。

10-1

その他の定期開催の説明会

▶IRデイ／アナリストデイ（事業説明会）

　決算説明会は1時間前後の時間枠で行なわれますが、直近の業績や事業の進捗状況などについての説明と質疑応答であっという間に終わってしまいます。

　決算説明会では説明しきれない、社内各部門の戦略と取組みについてより深く掘り下げて説明し、質疑応答による相互理解を促すために開催するのが、IRデイ／アナリストデイです。

　CEOやCFOに加え、各事業部門やコーポレート部門（人事、マーケティング、ESG関連部門など）の部門長からのプレゼンテーションと質疑応答を中心に、数時間から1日かけて行なわれます。

　すべての会社がこのイベントを開催しているわけではありませんが、時価総額が大きく投資家の注目を集めている会社では、毎年あるいは隔年など定期的に開催しているケースも多く見られます。

　IRデイ／アナリストデイで登壇する事業部門やコーポレート部門の責任者は、常日頃から投資家／アナリストに接しているわけではありません。そのため「何を言うべきか」または「何を言ってはいけないか」という点で認識が十分ではない場合もあり、入念な打ち合わせが必要となります。

　プレゼンテーション作成は一般的に登壇者が行ないますが、事前に「注意事項」として以下を伝えましょう。さらに、登壇者が作成したプレゼンテーション資料についてはIR部門が入念にチェックして、投資家／アナリストの興味関心とベクトルが合うよう導きましょう。

登壇者に事前に伝えるべき内容の例

☑参加者（投資家／アナリスト）の興味がどこにあるか（当該事業に対する投資家／アナリストの期待と懸念など）

☑何を伝えれば良いのか（アピールのみでなく、課題とその解決方法

の説明が必要であること）

☑ 枝葉ではなく、幹のストーリーを伝えるべきこと（将来的に企業価
値向上につながる事項を抽出する必要性）

☑ 何を言うとNGなのか（**未公表の重要情報・足元の業績などがNG
項目**）

特にNG事項を誤って伝えてしまうと、会社自体の情報セキュリティに
ついての姿勢を問われ、中長期視点の投資家による保有や株価などに悪影
響を及ぼすおそれがあります。

計画段階から、登壇する部門長としっかり打ち合わせ、注意事項を伝え
ると共に、プレゼンテーション資料やFAQの作成をサポートしましょう。

▶ 中期経営計画説明会

中期経営計画（中計）を発表した際に開催する説明会です。一般的に
CEOとCFOが中心となり、プレゼンテーションと質疑応答を行ないます。

決算発表時に中計を開示した際には通常、決算説明会の中で説明します
ので、中期経営計画説明会を開催するのは「決算発表とは別に同計画を公
表した場合」に限定されるでしょう。

資料を公開しただけでは伝わらない「有機的な説明」と「経営陣の意気
込み」を伝えるためのイベントです。

▶ ESG説明会／サステナビリティ説明会

中長期的な経営戦略とESG／サステナビリティへの取組みを結び付け
て説明し、投資家と意見交換を行なうことで、投資家との対話を深め企業
価値をさらに高めようとするものです。

通常の決算説明会では財務的な情報に焦点があたりがちです。ESGや
サステナビリティに関する取組みについて説明がある場合でも、取組みの
部分的説明にとどまる場合が多いため、時価総額が比較的大きく、ESG／
サステナビリティに先進的に取り組む会社では、近年、このようなESG／
サステナビリティ説明会を別途、開催することが増えています。

▶施設見学会、工場見学会

　投資家／アナリストの事業への理解を深めるのに有用なのが、施設見学会や工場見学会です。機関投資家／アナリストのみならず、「ファン株主」拡大のために個人株主向けに見学会を実施している会社も多くあります。

　「百聞は一見にしかず」という言葉のとおり、株主自身の眼で見てもらうことは有効です。

10-2

新規事業／資本・業務提携／企業買収などの発生時に実施する説明会

▶新規事業／資本・業務提携／企業買収など発生時の説明会

「新規事業の開始」や「他社との資本提携／業務提携」、「企業買収」など、様々な重要情報を公表する際に開催する説明会です。

これらの説明会が前述の他の説明会と大きく異なる点は、**対象に投資家／アナリストのみならず報道陣が含まれる**ことが挙げられるでしょう。報道陣は写真／動画撮影を行なう必要があるため、基本的にオンラインではなく会場で開催されます。

報道陣向けのコミュニケーションはPRです。会社側がポジティブにアピールしたい点を前面に出したプレゼンテーションと質疑応答、写真／動画撮影が中心となります。

一方、投資家／アナリストが知りたい事項は、ポジティブな点だけではありません。

たとえば新規事業の開始については、

「どれくらいの先行投資が必要なのか」

「事業失敗の可能性があるとすれば、何が失敗の要因になり得るのか」

「成功した場合には、どれくらいのリターンを期待できるのか」

「成功しない場合には、どこで見切りをつけて撤退するのか」

など、**財務やリスクを含めた情報を必要とします。**

このような相違点に留意せず、報道陣をターゲットした説明会に機関投資家／アナリストを招待すると、機関投資家／アナリストはほしい情報を得られず無益な時間を過ごすことになりかねません。

特に質疑応答で報道陣の質問だけが取り上げられるようだと、「尋ねる機会さえもらえない」という状況になり、発表案件そのものに対する悪印象を与えかねません。

そのような事態を避けるためには、どうすれば良いでしょう？

　私が推奨するのは、**報道陣向けの説明会と投資家向けの説明会を分けて開催する**ことです。報道陣向けの説明会では、会社からのメッセージを伝えると共に、写真や動画撮影のための時間を提供します。その後、投資家／アナリスト向け説明会を開催し、財務やリスクに関する情報を含めてじっくり説明し、質疑応答の時間を十分に取ります。会社としては二度手間になりますが、参加者にとっては「効率的な運営」となるでしょう。

　説明会を分けて開催することが困難な場合には、**説明会のプレゼンテーションは報道陣と投資家／アナリストの両方に向けて行なった上で、質問の時間を①報道陣のみ、②投資家／アナリストのみに区切り、明確に対象を定めること**も有効です。

　説明会の実施にあたっては、「それぞれの参加者を尊重し、その関心に寄り添う」という意識を、忘れないようにしましょう。

　なお、この場合も、投資家／アナリスト向け説明会をウェブ上でオンデマンド配信することで、すべての投資家に対して公平に情報を行き渡らせましょう。

10-3

インシデント発生時の対応

　投資判断をする上で必要とされる情報は、決算発表などの定期的な情報開示以外にも、新規事業の開始、他社との資本提携や業務提携、企業買収、不祥事や被災など、広い範囲に及びます。

　そのような案件が発生した際には、IR担当部門は直ちに他部門と連携して対応する必要があります。その際に参照すべきなのが自社の「ディスクロージャー・ポリシー[44]」です。自社のディスクロージャー・ポリシーに定められたプロセスに沿って開示準備を進めることになりますが、この章では一般的な対応について記載します。

　なお、いわゆる新聞におけるスクープ記事などで上記のような案件が発表前に報道された場合に、会社がどのような開示を行なうべきかについては個別性が高く、ケースバイケースで判断せざるを得ません。スクープの全部あるいは一部が事実に反している場合にはそれを否定するなど適切な開示が必要となりますので、幹事証券会社や証券取引所、案件の関係会社と綿密に相談し、適切な開示を行ないましょう。

　いずれの場合でも、**発表直前に決定事項のみを伝えられるのではIR部門としての役割を十分に果たすことができません。インシデント発生直後の初期段階から準備や議論に参加することが重要**です。有事には情報共有する関係者をなるべく絞ることになりますが、IR部門が加わることの重要性を日頃から経営陣幹部や上司に十分に説明し、理解を得ましょう。

▶ 適時開示の要否判断と開示手順

　対象となる案件が「適時開示」に当たるか否かを確認します。東京証券取引所は、適時開示要件、開示資料に記載することが求められる内容、開示手順などに関する実務マニュアルとして『会社情報適時開示ガイドブック』を公表しています。このガイドブックを参照した上で、必要な案件に

44　ディスクロージャー・ポリシー：情報開示方針。詳細は11 - 1 参照。

関しては開示資料を準備し、定められた開示手続きを進めましょう。適時開示に該当せず、任意で情報開示を行なうと判断した場合にも同様に、以下の準備を進めましょう。

▶ 情報収集と基礎知識の習得

発生した案件についての情報収集を行ないましょう。特に新規事業や買収案件などの発表にあたっては、従来の事業領域と異なる領域の知識が必要となる場合があります。その領域について自身よりも知識が深い投資家／アナリストに説明して納得してもらうためには、少なくとも同程度の基礎知識が必要となります。限られた準備期間ではありますが、他部門と連携の上、必要な知識を身に付けるようにしましょう。

▶ FAQ の作成

発表の際にはFAQ（想定問答集）を作成しましょう。投資家／アナリストがどのような点に興味を持つのか、どのような情報を必要とするのかについて最も正しく理解しているのは、IR部門の皆さんです。投資家やアナリストが特に興味を持つのは「企業価値への影響」です。**一般社会への影響にポイントを置く広報担当者とは、異なる内容のFAQとなるはず**です。

Q（質問事項）の洗い出しを他部門に任せず率先して行ない、中心になって案件をまとめているチームが作成したA（回答内容）を十分に確認します。投資家／アナリストのニーズに正しく応える、真に役立つFAQを作成しましょう。

FAQは案件発表前に一旦完成させるものの、多くの場合、発表後にも更新が必要となります。FAQに含まれていない質問があった際、また、FAQだけでは足りずに補足説明を行なった際には、必ずFAQを更新し、社内で共有しましょう。

▶ 説明会の開催

前節のとおり、必要に応じて説明会を開催しましょう。開催にあたっては、投資家／アナリストが必要な情報を、十分かつ公平に入手できるように配慮しましょう。

第 **11** 章
その他の情報開示

第8章と第9章では、決算発表および株主総会における
対応について触れました。企業の情報開示は、多岐にわたります。
この章では、開示の基本となるディスクロージャー・ポリシーについて
説明すると共に、IR部門がかかわる主な情報開示について述べます。

11-1

ディスクロージャー・ポリシー（情報開示方針）の策定

1－4で説明したように、会社が発信する開示情報には「法定開示」「適時開示」のように規則に従って実施するものに加え、「自主的に開示する情報（任意開示情報）」があります。

そもそも「法定開示」「適時開示」が必要な案件か否か、さらに開示義務を負わない場合にも「自主開示するか否か」などを判断し、適切なプロセスを経て対応する必要があります。

こうした**判断のためのガイドラインとなるのが、ディスクロージャー・ポリシー**です。上場会社は自社の実態に即したディスクロージャー・ポリシーを明確に定めた上で、情報開示を適切に行なうことが求められています。

ディスクロージャー・ポリシーに含まれる項目例は以下のとおりです。

ディスクロージャー・ポリシーの項目例

☑情報開示の基準（基本方針、法令などへの遵守声明、重要情報の定義など）

☑情報開示体制（情報開示委員会／情報開示担当者の定義、開示情報策定の流れなど）

☑情報開示の方法・ツール

☑情報開示の公平性を保つための取組み

☑業績予想および将来情報の取扱い

☑沈黙期間（Quiet Period）[45]の設定

ディスクロージャー・ポリシー未策定の場合は、他社のディスクロージャー・ポリシーを参考にして作成していきましょう。自社サイトにダイジ

45　沈黙期間：面談等のIR活動自粛期間のこと。詳細は、次ページのコラム「沈黙期間」参照。

ェスト版を掲載している企業が多いので、参考にすることができます。

　ただし、他社のポリシーを熟考なしに丸写しにすることは厳禁です。ディスクロージャー・ポリシーは、開示すべき重要案件やインシデント発生の際の「よりどころ」となるものですので、経営陣と相談しながら実態に沿ったものを策定しましょう。

Column　　沈黙期間

　沈黙期間とは、会社が決算情報公開の公平性を確保するため、決算発表日までの一定期間を「IR自粛期間」とすることを社内ルールとして定めるものです。Quiet Period（クワイエット・ピリオド）やサイレント期間とも呼ばれ、この期間内には面談を行なうべきではありません。

　そもそも決算発表後の足元の業績について個別面談などを通じて説明することは厳禁です。足元の状況を伝えると、個別面談を行なった投資家とそれ以外の投資家の間に次回の決算内容に関する情報の格差が生まれ、フェアディスクロージャーに反してしまいます。そのため、面談などでは、決算発表時の事業状況や月次で公表している売上動向など、公表済の情報をベースに対話すべきです。

　「足元の業績について話さないのであれば、沈黙期間は不要なのではないか」と思われますか？

　そんなことはありません。次の決算発表準備が始まり日々経営陣と分析内容や発表資料案について話していると、その情報が頭にすり込まれます。そのような状況で投資家と面談すると、「前回の決算発表時点の事業状況」と「直近の事業状況」を頭の中で混同してしまい、説明のニュアンスに足元情報が含まれてしまうリスクが発生します。次の決算を準備する一定期間を「沈黙期間」とすることで上記のリスクを軽減することができます。

　一方で、長すぎる沈黙期間は投資家との対話を阻害します。

　四半期決算で、3か月ごとに沈黙期間を1.5か月設定すると、半

分の期間である1.5か月しか個別面談に活用することができず、これでは短すぎます。

　最長でも１か月、また、無理のない範囲で３週間程度に短縮することを目指すと良いでしょう。そのためにも、決算発表のタイミングはできるだけ早期化するように努めるべきです。ただし、沈黙期間であっても重大な案件が発生した場合にはディスクロージャー・ポリシーに即して公表し、その案件に関する説明は十分に行ないましょう。

11-2

適時開示資料

　決定事実（新株式の発行、合併、新規事業の開始）、発生事実（工場の火災、大株主の異動、訴訟の提起）、決算情報（決算内容／業績、業績予想の修正）を含め、その他投資判断に大きな影響を及ぼす案件が発生した際に、適時開示が必要となります。速やかに適時開示資料を作成しTDnetに登録して、開示を行ないます。

　東京証券取引所は、「開示要件」「開示資料に記載すべき内容」などの適時開示実務上の取扱いや開示の手順などを示す実務マニュアル『会社情報適時開示ガイドブック[46]』を公開しています。適時開示の要否判断や資料作成にあたっては、このガイドブックを参照しましょう。判断に迷った場合は、取引所の自社担当者に相談することをお勧めします。

46　日本取引所グループホームページ『会社情報適時開示ガイドブック』https://www.jpx.co.jp/equities/listing/disclosure/guidebook/index.html

11-3

統合報告書、アニュアルレポート（年次報告書）、CSR報告書

　統合報告書とは、企業の財務情報に非財務情報を加え統合した報告書を指します。

　財務情報とは貸借対照表や損益計算書、キャッシュフロー計算書などで表される情報を指します。一方非財務情報は、事業活動の価値創造を支える「見えざる経営資源」と言われるもの、つまり知的資本、人的資本、自然資本などの価値創造にかかわる様々な資本を含むESG／サステナビリティ関連情報を指します。

　財務情報と非財務情報の関係と結びつきを説明することで、自社の価値創造活動をステークホルダーに明確に示すために作成するものが、「**統合報告書**」です。

　統合報告書は一般的に、「統合報告書作成に関する指導原則や内容要素」をまとめたIIRC[47]の『国際統合報告フレームワーク』に沿って作成されます。

　将来的な企業価値を測る上で非財務情報が重要だという認識が高まる中、統合報告書を発行する企業は増加傾向にあり、2022年においては872社に上りました（宝印刷Ｄ＆ＩＲ研究所調べ）。

　従来から一部の日本企業により発行されていた「アニュアルレポート（年次報告書）」には、財務情報に加えて経営トップのメッセージや財政状態および経営成績の検討と分析、各事業での取組みなどが含まれていました。また、「CSR報告書」にはサステナビリティ情報（特にサステナビリ

47　IIRC（アイアイアールシー：International Integrated Reporting Council：国際統合報告評議会）：財務資本の提供者が利用可能な情報の改善、効率的に伝達するアプローチ確立等を目指して、2010年に設立。規制者、投資家、企業、基準設定主体、会計専門家およびNGOにより構成される国際的な連合組織。

ティ・リスクへの対応）が記載されていましたが、近年では両方の要素を統合し、価値創造ストーリーを明確に語る統合報告書に移行しつつあります。

図表11－1　国際統合報告フレームワーク
（価値が創造、保全または毀損されるシステム）

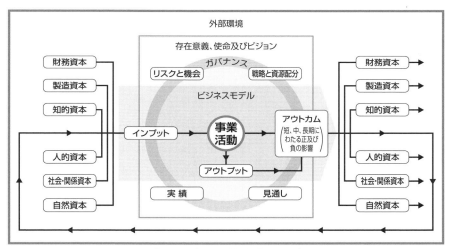

長期にわたる価値の創造、保全または毀損

IIRC『国際統合報告〈IR〉フレームワーク（2021年１月）』より

統合報告書の作成は複雑で膨大な作業となるため、会社自身が意義・目的を定めた上で、IR支援会社のサポートを受けながら作成することがほとんどです。

作成、公開後は、「日経統合報告書アワード」や「WICI統合リポートアウォード」などの表彰制度にエントリーし、機関投資家や有識者を中心とした審査員からのフィードバックを得ることで報告書の改善を図る会社も多くあります。

上記アワードで高い評価を受けている企業（伊藤忠商事(株)、オムロン(株)など）の統合報告書はウェブ上で閲覧可能なので、確認すると良いでしょう。

統合報告書は、ステークホルダーとのコミュニケーション・ツールとし

て最適なものを目指すべきです。表彰制度で高得点を得ることを一義的な目標とすべきではありませんが、それぞれの表彰制度の評価ポイントは最適な報告書を作成するためのヒントになり得るため、その審査基準を以下に記載します。

なお、『GPIFの国内株式運用機関が選ぶ「優れた統合報告書」と「改善度の高い統合報告書」』[48]には、実際の運用者が高く評価した統合報告書と付随する評価コメントが記載されています。参考にしましょう。

図表11-2 2023年日経統合報告書アワード審査基準

トップマネジメントのメッセージ	メッセージに具体性と企業価値創造に取り組む熱意が感じられるか
	自社の課題を冷静に把握しているか
	トップとしての責任・役割についての言及があるか
	メッセージが直近1年の事業環境や経営状況を踏まえたものになっているか
企業価値創造を実現するための企業理念（パーパス・ミッション・カルチャー・バリュー・ビジョン）の記述	自社の事業の社会や従業員、環境などに対するパーパスは明確か
	自社の事業が果たすべきミッション（責任）は明確であり、それについての具体的な行動が書かれているか
	自社のカルチャーを認識し説明しているか、経営者は自社のカルチャーを重んじた行動・施策をとっているか
	自社の事業が生み出すバリューを明確に説明しているか、その実績は証明されているか
	自社の将来に向けたビジョンは、実現可能で具体的であるか
自社固有のマテリアリティの抽出と時系列（短・中・長期）を意識した価値創造プロセスの提示	マテリアリティの抽出に時系列を意識しキメ細かく設定されているか
	マテリアリティを抽出する過程についての社内での論議が開示されているか
	事業自体の価値創造に関するマテリアリティが過不足なくリストアップされているか
	サステナビリティ（ESG）項目についても事業価値創造との関係で過不足なくリストアップされていて妥当であるか
自社の経営資源（各種経営資本）の冷静な分析と中長期経営目標・戦略（ビジネスモデルの変革含む）に関する記述	自社の経営資源に対する現状の認識と限界についての記述があるか
	事業ポートフォリオの厳格な管理を意図した目標設定（事業別ROICの設定など）がされているか
	ビジネスモデルの変革につき市場環境を的確に捉えた構想が記述されているか
	経営資源（各種経営資本）のうち「足らざる」資本に対する自覚があり、それを克服しようとする意志が窺える記述があるか

---

48 https://www.gpif.go.jp/esg-stw/20230222_integration_report.pdf

企業特性に合った重要な経営目標指標 （ESG項目含む）の 抽出とKPIの提示と成果の公表	重要な経営目標指標に過不足はないか
	ESG項目においても価値関連性が意識されているか
	各KPIは当該企業の経営状況からみて適切なものか
	KPIについて短中長期の時間軸ごとにきめ細かく設定されているか
	KPIを設定するだけでなく結果（output）および成果（outcome）も記述されているか
投資家の分析に必要十分な財務情報・ 財務関連情報が記述されているか （補足）ここで言う財務情報・財務関連情報とは決算短信・有価証券報告書等に記載されている情報以外に投資家が投資価値を算定するうえで必要な情報を意味する	「地域別・部門別セグメント」に関して投資家が分析を行うのに有用な情報を提供しているか
	主要品目別売上および主要原価・費用項目において投資家が分析を行う上で有用な情報を提供しているか
	投資家が過去の業績を的確に評価するための有用な情報を工夫して提供しているか（長期にわたる主要品目の売上額・売上シェア・主要費用項目等を一覧にする）
	投資家が将来業績予想を行う上でヒントとなる有用な情報を提供しているか（市場動向・技術動向等）
中期的業容の展開にあたり説得力のある 資本配分政策・財務政策・事業ポートフォリオ管理の 記述があるか	中期経営計画におけるキャッシュフロー（CF）（＝営業CF、投資CFおよび財務CF）のイメージを投資家が抱けるか
	投資戦略についてのイメージが的確に掴めるか
	資本構成・配当政策や自社株買等の株主還元についての的確なメッセージが掴めるか
	事業ポートフォリオ管理政策についての的確な記述があるか
ESGのうち「環境関連」情報の記述と 企業価値関連性への言及	自社に即した環境課題の認識ができていてそれが中長期の企業価値へどのようなポジティブ・ネガティブな影響を具体的に与えると予想されるかが記述されている
	その中で気候変動関連開示（いわゆるTCFD提言に基づく開示を中心として）については特記されて説明されているか
	気候変動以外でも当該企業にとって重要と思われる「環境」問題、例えば「水資源」「生物多様性」「化学物質・汚染予防」に関して記述されているか
	サプライチェーン全体のトレーサビリティについて、取り組みや考え方に関する十分な記述があるか
ESGのうち「社会関連」情報の記述と 企業価値関連性への言及	自社に即した社会関連課題の認識ができていてそれが中長期の企業価値へどのようなポジティブ・ネガティブな影響を具体的に与えると予想されるかが記述されている
	例えば「ダイバーシティ＆インクルージョン」が進んでいるか、そのうえで企業価値への関連性が言及されているか
	例えば「人的資本」の開示についての充実が進んでいるか、そのうえで企業価値への関連性が言及されているか
	例えば「人権問題の把握」に関しての開示の充実が進んでいるか、そのうえで企業価値への関連性が言及されているか
ESGのうち「コーポレートガバナンス・システム」の 高度化が窺える記述があるか （補足）2021年のコーポレートガバナンス・コードの改訂も踏まえ取締役会のモニタリングボードとしての役割は十分に果たされていると感じる記述があるか	取締役会議長による取締役会運営に関するメッセージ
	取締役会の構成。社外取締役に期待する役割や、取締役会のスキルマトリックスに関する有用な記述
	指名委員会に（サクセッションプラン・CEO選任プロセス等）、報酬委員会（執行兼持株役報酬額決定プロセス等）に関する十分な記述
	取締役会評価に関する十分な記述
	サステナビリティ活動に関するモニタリングに関する記述

日本経済新聞社ホームページ『日経統合報告書アワード』より
https://ps.nikkei.com/nira/criteria.html

　筆者は日経統合報告書アワードの審査員を務めていますが、他社の統合報告書を数多く読み込むと、IR支援会社のテンプレートに表面的に対応して作成された報告書や、制作会社に丸投げして作成してもらった報告書が自然とわかるようになります。

　一方、経営者が主体となり自社の独自性や価値創造について改めて考えた上で、自社の強みや課題の洗い出しと、中長期目線での経営／財務戦略の構築がしっかりなされている報告書も明確にわかります。

　その違いは、会社の中長期的な価値創造と成長を重視する、中長期視点の投資家の目にも明確に映っていることと思います。

　自社のアピールに報告書の分量を割く会社が多い中、不足しがちなのは「自社が認識する課題」と「課題解決のための戦略」に関する説明です。

49　WICIジャパン事務局ホームページ『WICI統合リポートアウォード表彰』より
https://wici-global.com/index_ja/event/integrated_report_award/

また、ESGについて経営陣が誤解しているケースも散見されるため、第5章を参考に、記載内容に誤解や不足がないか確認をしましょう。

　前述の審査ポイントや、受賞企業のレポートと見比べることで、自社の報告書の改善を目指してください。

11-4

個人投資家への情報開示資料

　個人投資家に対しては、決算の詳細な財務分析について説明するよりも、パーパスやミッション、自社製品やサービスを理解、賛同してもらうことで「ファン株主」として株式を長期保有してもらうことを目指します。機関投資家に対する情報発信とは性質が異なるため、以下のようなツールが有効になります。

▶株主通信

　株主通信は一般的に、会社が個人株主に向けて定期的（通期または、半期に一度など）に郵送するIR情報誌を指します。

　決算短信や決算説明会資料は、機関投資家／アナリストを意識して作成されることが多く専門的な内容が含まれるため、個人株主には難解な場合があります。

　多くの会社にとって中長期視点の個人株主は「ファン株主」であり、大切にすべきカテゴリです。「ファン株主」とのコミュニケーション・ツールと位置付けられる株主通信は、個人株主が親しみやすいよう写真やグラフを多用して業績や商品、サービスを紹介するなど、工夫を凝らして作成されます。

　従来は多くの会社が作成していましたが、近年では情報発信ツールの紙媒体からインターネットへの移行などの影響により、株主通信の発行を取りやめる会社も増えてきました。

　そのような場合は、従来株主通信として提供していたコンテンツを、代わりに「個人投資家のみなさまへ」としてIRサイト上で提供したり、統合報告書を参照してもらえるよう誘導しましょう。

▶動画・SNS配信の活用

　個人投資家に対して有効なIR活動として挙げられるのが、動画やSNSの配信です。

　一般的に決算説明会は機関投資家／アナリスト向けであることが多く、個人投資家にとっては専門性が高すぎる場合があります。そのため決算発表後に、決算内容をかみ砕いてわかりやすくした動画を作成し、IRサイト上に「個人投資家向けコンテンツ」として掲載することも、個人投資家の理解を深めるための試みとして有効です。

　動画コンテンツのテーマは、決算発表関連情報に限りません。事業内容やESG／サステナビリティへの取組みなど、様々なコンテンツを提供することで「ファン株主」との絆を強化することが可能となります。

　FacebookやX（旧Twitter）、noteなどのSNSを活用した情報発信も、個人投資家とのコミュニケーション向上に役立つでしょう。ただし個人の判断で発信を行なうことは、会社の公的見解と異なる発言や、フェアディスクロージャーに反する可能性など、リスクを伴います。情報発信においては、フェアディスクロージャーの遵守を意識すると共に、事前に内容を精査することで不適切な情報の発信を防止しましょう。

11-5

スポンサードリサーチ（第三者レポート）の活用

　スポンサードリサーチは会社が自ら作成するものではなく、会社が費用を負担した上で専門のリサーチ会社に依頼して作成するレポートです。

　第1章で、上場会社であってもアナリストレポートを発行してもらえない場合があることをお伝えしました。また、レポートが発行されている場合でも、A4判で1〜2ページの短いレポートが決算発表直後に発行されるだけ、という場合も多いようです。

　このような会社は、「スポンサードリサーチ」の導入を検討すると良いでしょう。

　スポンサードリサーチとは、アナリストの視点で、会社の開示情報を中立性を持って分析したものです。

　セルサイド・アナリストが執筆し、証券会社が発行するアナリストレポートには、「投資評価（買い推奨／売り推奨など）」や「目標株価」の記載があります。同時に「上場会社の開示情報／説明内容を再整理したコンテンツ」も含まれます。「スポンサードリサーチ」は投資評価や目標株価を提供しません。あくまでも「再整理したコンテンツ」を提供するところに価値があります。

　会社からの開示資料は、「会社側の視点」で作成され、発信された情報です。一人称で作成・発信された情報であるため、俯瞰性・中立性が十分でない場合があります。その会社を初めて調査する投資家／アナリストにとって、必ずしも最適な構成になっていないかもしれません。

　スポンサードリサーチを発行するリサーチ会社は、会社から手数料を受け取った上で、証券アナリストの視点で企業を調査・取材し、分析します。レポート作成の際には中立性を保った上で「当該上場会社の強みと課題」などを特定し、記載します。

　日本におけるスポンサードリサーチ発行の大手である(株)シェアードリサーチは、自社サービスを「上場会社の取扱説明書」と位置付けており、

日本語のレポートのみならず英語版も作成するため、海外投資家をターゲットとする会社にとって便利なサービスとなっています。筆者自身、様々な会社からお悩み相談を受けて対話する際に、スポンサードリサーチが発行されていると、事前調査が楽になり、とても便利だと感じます。その1冊で会社を大枠で理解することができるためです。時価総額が小さい会社だけでなく、大きい会社も活用を検討すると良いでしょう。

Column

周辺取材はチャンス！

　機関投資家の中には「現在保有している企業の『競合』について学ぶ」ために面談を依頼してくる人もいます。いわゆる「周辺取材」と言われるものです。

　2000年から2017年の間、筆者がIRを管掌していたヤフー（株）（現LINEヤフー（株））はインターネット企業のベンチマークと言える企業だったため、日本のインターネット企業に投資するのであれば一度は取材しておくべき対象だったのだと思います。対話している最中に、「これは周辺取材だな」とわかる面談が一定数ありました。

　米国のある大企業のIR責任者は「投資家に対して産業に関する情報を説明したり周辺取材に応えるのも、自分の責務だと考えている。業界全体を盛り上げることが重要だ」と言っていましたが、筆者には当時そこまで余裕がなく、「ただでさえ忙しいのに、競合会社に投資するための取材に対応するのは時間がもったいない」と考えていました。しかし、徐々に考えが変わりました。

　面談では、競合会社と比較した際の自社の優位性を伝えつつ「投資対象としての魅力」「既存の課題を解決することによる企業価値向上の可能性」を語ります。競合会社を売却し自社を保有してもらうよう、強い熱意を持って対応します。

　懇切丁寧に説明すれば、その投資家は、いずれまた面談要請をしてきます。面談を重ねるに従い、自社の事業や強みについての理解が深まります。

　元々事業領域には詳しい投資家なので、腹落ちすれば投資対象を変えることは十分にあり得ます。

　事業領域をまったく知らない投資家よりも、周辺取材に来る投資家は、株主になる可能性が高いと言えます。せっかくのチャンスをみすみす逃さないようにしましょう。

第 12 章

機関投資家／
セルサイド・アナリストとの
個別面談

この章では、機関投資家／セルサイド・アナリストとの
面談に向けた準備や実際の対応について説明します。

12-1

面談に向けた準備

　IR業務の中でも、高いスキルと応用力が求められ難易度が高い業務が、機関投資家やセルサイド・アナリストとの個別面談です。ベテランのIR担当者は皆、自身の「型」を持っていますが、継承が難しい技でもあります。

　継承が難しい理由は、個別面談が結局のところ「相手の顔が良く見える『人対人（1対1、あるいは1対複数人）』のコミュニケーション」であり、そのアプローチ方法が担当者ごとに異なるためだと考えます。

　一方で面談の成否の多くは、メッセージや資料の作成など、これまでの章で説明したことが十分に準備されているか否かにも懸かっています。準備ができていなければ、どんなにコミュニケーションが上手であっても、面談を成功には導けません。綿密な準備を行なった上で面談に臨みましょう。

　投資家／アナリストとの面談（1on1ミーティングやスモールミーティング）を行なうには、①相手からの面談依頼に応じる場合、②自社から面談を依頼する場合の2通りがあります。

　面談準備以降の対応に大きな差はないため、まずは①について説明し、その後12−4で自社から面談を依頼する場合の注意点について述べます。

　ステップごとの注意事項を見ていきましょう。

▶見逃しの防止と迅速な返信

　面談依頼を受ける経路はいくつか考えられます。

面談依頼の経路の例

☑自社IRサイトの問い合わせフォーム経由
☑証券会社のコーポレートアクセス部門（証券会社IR部門）経由
☑メールや電話を通じた直接コンタクト
☑IR支援会社のツール経由

複数の経路があるため、うっかり見逃すことがないように営業日は最低1度、部内で担当者を決めて確認するようにしましょう。

コンタクトがあった際には24時間以内に一次返信しましょう。先方からのリクエストに応じることができるか否か不明な場合であっても、少なくとも「連絡をいただいたお礼」「検討の時間をいただきたい旨」など、すぐに返信するようにしましょう。

このように丁寧で誠実な対応が、投資家／アナリストとの信頼関係を築くことになります。依頼を受け取った時から、自社の対応が試されているという意識を持ちましょう。

▶ 面談の可否の決定

筆者は、正当な理由がある場合を除き、基本的に面談を受けるべきだと考えます。短期視点のヘッジファンドやアクティビストであっても、面談依頼があるのであれば公平性を持って対応しましょう。ただし面談の相手により、会社側の対応者を戦略的に選定し、面談における説明／質問への回答方法などについて事前に念入りに準備すべきです。この点については12-2で説明します。

面談希望日が沈黙期間内であるなど正当な理由がある場合には、その旨を伝えて別の日程をオファーし、選択肢を提示します。海外投資家の日本滞在期間が沈黙期間内である場合には、規則に反して受けるのではなく、帰国後のオンライン会議をオファーすることをお勧めします。

IRサイトにディスクロージャー・ポリシー概要を掲載し、沈黙期間について具体的なルールを記載することで、機関投資家／アナリストに事前に周知すると良いでしょう。

▶ 面談相手のプロフィール確認と「面談する際の目標」

機関投資家との面談の際には、相手のプロフィールを確認します。

第7章の「投資家データベースの活用」「実質株主判明調査の実施」で説明したように、機関投資家の基本情報（プロフィール、視点の長短、運用資産、投資スタイル、アクティビスト活動の有無など）に加え、自社および同業他社に対する株式保有状況を確認します。

株式を保有している場合には、前回の株主総会における議決権行使の内

容についても確認すると良いでしょう。

　当然のことながら、過去の面談記録がある場合は議事録も確認しましょう。

　その上で自社が何のために面談を行なうのか、以下の例のとおり目標を定めます。

投資家との面談目標の例

①既存株主

株式保有を維持してもらう。

可能であれば保有株式数を増やしてもらう。

②株主でない投資家

自社の成長性（機会と課題および解決方法）を理解してもらい、株式保有を促す。

③同業他社の株主（自社の株は未保有）

同業他社よりも自社の方が成長性／将来性があることを理解してもらい、投資先を同業他社から自社に変更してもらう。

④アクティビスト

自社が日頃から投資家と建設的な対話を実施しており、課題の把握や解決への取組みを十分に行なっていることを理解してもらうことで、アクティビスト活動の好対象と思われないようにする。

⑤ヘッジファンド

ロング・ショート（空売り）手法を取り入れるヘッジファンドの場合、短期・中期的な株価下落を想定した上で株式を空売りすることがある。自社が投資家と日頃から建設的な対話を実施しており、想定外のネガティブ・サプライズは起こらないと理解させることで、空売りされないようにする。

　３−４で説明した「機関投資家の運用スタイル」も参考にしましょう。

　たとえば、売上高・利益の成長性を重視するGrowth（成長性）ファンドと対話する時には、今後の市場拡大への期待や市場シェア拡大による利益成長の可能性などに重点を置いて話すと良いでしょう。

　理論的な企業価値や利益水準に対して割安な株価の銘柄に投資するValue（割安性）ファンドと対話する時には、自社が把握している「バリュエーションが割安である要因」と「解決のための取組み」について話すことが有効です。

　以上は投資家との面談の際の目標例・留意点でしたが、セルサイド・アナリストと面談する際は、目標が異なります。

セルサイド・アナリストとの面談目標の例

①アナリストレポート未発行

　レポートを書いてもらう（カバレッジの開始）。

②アナリストレポート発行済

　会社の事業や業績、将来の成長性をアナリストに正しく理解してもらうことで、レポートにおいて実態に即した目標株価の設定や、買い推奨がなされるようにする。

　セルサイド・アナリストは、中立的な立場で会社を分析し目標株価の設定や売り／買い推奨を行ないます。事実誤認がある場合には、会社としてセルサイド・アナリストに申し入れをすべき[50]ですが、分析結果や推奨内容について修正を強要してはなりません。

　面談相手が誰であろうと忘れてはならないのは、**面談相手の考えや意見などの「フィードバックをもらうこと」**です。
　面談目標を達成しようと一方的な説明で時間いっぱい使ってしまうので

50　重大な事実誤認があり、セルサイド・アナリスト本人との対話がどうしてもかみ合わない場合には、所属する証券会社に申し入れをすることもあります。

はなく、傾聴と対話の姿勢[51]を意識しましょう。

▶ 自社対応者の決定

　面談相手のプロフィールを確認した後は、自社の誰が対応すべきか検討します。通常の面談対応者についてはディスクロージャー・ポリシーに明記しておきます。

　会社によって面談件数は様々です。時価総額が大きく年間数百件の面談を実施している会社がある一方、十数件にとどまる会社もあります。

　たとえば、筆者が所属していた時価総額3兆円の企業では面談の機会が多く、年間約700件の面談を実施していました。その場合、すべての面談に経営陣が対応するわけにはいきませんから、CEO、CFO、IR責任者、IR担当者を面談対応者、つまり「メインスピーカー」と定め、全面談のうち、15％をCEO、20％をCFO、残りをIR責任者／担当者が対応していました。

　面談件数が少ない会社の場合には、CEO、CFOの対応割合はもっと多くても良いでしょう。ただし経営陣との面談を設定する前に、会社の基本情報はIR責任者／担当者から投資家にひととおり説明して理解を深めてもらいましょう。経営陣が自社のビジネスモデルをイチから説明するのでは、自社のリソースの効率的な活用につながらないためです。

　面談にメインスピーカーが1人で参加することは望ましくありません。可能な限り、メインスピーカーの他に最低1人参加するようにしましょう。

　複数人で参加することで、①フェアディスクロージャーに反することを話していないか客観的に確認する、②対話がかみ合っているか否か確認しフォローする、③投資家の質問への的確な回答を見極める、④議事録を作成する、⑤反省会を客観的な視点で行なう、といった対応が可能となります。

　それでは、メインスピーカーをCEOやCFOに務めてもらうべき面談とは、どのような面談でしょうか？　CEOやCFOの時間は貴重です。建設的な対話ができそうな面談相手を選ぶ必要があります。

51　詳細は12−2参照。

一般的に経営陣の面談相手に適しているのは以下の投資家です。

経営陣が面談するべき投資家

①対話を通じて経営陣に「気づき」を与えることができる投資家

②中長期視点での企業価値評価を行なっている投資家

　※短期視点の投資家を経営陣に会わせると、経営陣の視点の長さとのギャップが顕在化し「すべての投資家が短期視点で物事を捉えている」との誤解を経営陣に与えるリスクがあります。IR部門の皆さんとの対話を通じて、中長期視点での考察ができている投資家を選定しましょう。

③現在株式を保有、新規投資を検討、保有額増加を検討中の投資家

④運用資産額が大きい投資家　　　　　　　　　　　　　　　　　　　など

上記とは別に、既存株主が売却を検討している場合や、コーポレートガバナンスについて経営陣との直接対話を望んでいる場合なども、経営陣との面談の検討対象となります。

一方、**面談相手がアクティビストである場合には、いきなり経営陣に会わせるのではなく、まずはIR責任者が面談し、相手が何を目的としているのかを把握した上で、その後の対応を検討するようにしましょう。**

▶「初めて会う投資家」用プレゼンテーション資料の作成

定期的に面談を実施している投資家であれば、直近の決算説明会資料などの「決算発表資料」をベースにディスカッションを行なうことになります。

一方、初めて会う相手との面談で決算説明会資料を使うことはお勧めしません。

決算説明会資料においては、ビジネスモデルや事業領域についての基礎知識、自社の特性などについて「読者が既に理解している」ことを前提として、直近の業績に重点が置かれていることが多いためです。そのため、「初めて会う投資家」用プレゼンテーション資料の作成が必要となります。

この資料に含めると良い主要項目は、以下のとおりです。

①ミッション、ビジョン、パーパスなど

②ビジネスモデル（例：自社のどのような強みを活用して、誰からお金をどうもらって、誰にどう払っているか）

③市場規模、競合（各社の特徴）、市場シェア推移

④自社の強み、差別化要素

⑤事業・財務戦略

⑥財務・非財務指標（事業KPIなどを含む）推移表

⑦株主還元方針

⑧株主情報（所有者別株式分布状況）、コーポレートガバナンス情報

　なお、「初めて会う投資家」の中には、「当該運用会社とは頻繁に面談しているが、異動などにより初めて会う担当アナリスト／ファンドマネジャー」も含まれます。

▶ 資料の事前送付

　面談設定が無事完了したら、事前に読んでもらいたい資料や当日使う資料を送りましょう。

　定期的に面談を実施している投資家であれば、四半期決算公表後、IRサイトに掲載した決算発表資料のリンクを送れば良いでしょう。

　一方、初めて会う投資家の場合には、資料を厳選した上で送付する方が効果的です。

　統合報告書、決算短信、決算プレゼンテーション資料など、複数の資料をどさっと送っても、投資家にはすべてを読み込む時間がありません。「初めて会う投資家」用プレゼンテーション資料や、スポンサードリサーチ（第三者レポート）など、**自社の全体像がわかる資料を厳選**し、直近の決算発表資料のリンクと共にメールなどで送付しましょう。

Column
証券会社のコーポレートアクセス部門と、証券会社主催のカンファレンス

証券会社の多くには「コーポレートアクセス部門（証券会社ごとに呼び名が異なり、IR部門と呼ぶこともある）」があります。

コーポレートアクセス部門は、一般的に証券会社の営業本部に属しており、顧客である機関投資家の要望に従って面談などを手配します。海外機関投資家に対しては同時通訳のサービスを提供するなど、投資家がスムーズに企業調査できるようサポートします。

サポートの対価は従来、売買手数料に含まれていましたが、昨今ではMiFID2の影響で特に欧州においては売買手数料との分離が求められるようになりました。

証券会社によっては、定期的に「カンファレンス」を開催しています。

「カンファレンス」とは、多数の上場会社と投資家を会場（高級ホテルをほぼ借り切る場合もあります）に集めて数日間にわたり開催するイベントを指します。プログラムには、会社によるプレゼンテーションを大勢の投資家が聞いた後に質疑応答を行なう「ラージミーティング」と個別面談（1on1ミーティングおよびスモールミーティング）があります。

個別面談は1件あたり50分で設定されることが多く、9時から17時くらいまで行なわれ、多い時にはランチミーティングを含めて1日に7件程度の面談が実施されます。移動時間が節約できるため、海外投資家にとっては効率的に多くの日本企業との面談が可能となるイベントです。

コーポレートアクセス部門は、上場会社の海外ロードショーのサポートも行ないます。13－2を参照してください。

12-2

面談の実施

　投資家／アナリストとの面談では、限られた短い時間で相手の疑問に答えつつ、相手の考えを聞き取りながら対話を深める必要があります。特に初回面談の場合には効率的に進める必要がありますので、事前に進め方の大枠を決めておきましょう。

面談で注意すべきこと
①自己紹介から始める ②「投資対象としての自社の魅力」の説明をする ③インタラクティブ（双方向的）な対話をする ④「機会」や「強み」だけではなく、「課題」と「課題の解決方法」も伝える ⑤財務効率を重視した対話を心がける ⑥常に中長期視点を忘れない ⑦フェアディスクロージャーを遵守する

▶ 自己紹介から始める

　初めて会う投資家との面談でメインスピーカーを務める際には、必ず初めに自己紹介をしましょう。

　「自身が経営の代弁者としての資質を持っており、対話相手として信頼できること」の裏付け、つまり金融・財務や株式市場などに関する知識・業務経験、自社事業への理解の深さ、自社における経営トップとの距離の近さなどについて**2分程度でアピール**してください。

　「異動直後なので自信がない」という方であっても、アピールポイントはあるはずです。たとえば、IR業務や経営企画部門での経験はなくとも、自社内の他部門で経験を積んできたバックグラウンドは「会社の事業を深く理解している」という強みをアピールするために活用することができま

す。

　自己紹介をした後で、投資家側の投資方針について簡単な説明をお願い
し、確認すると良いでしょう。

▶「投資対象としての自社の魅力」の説明をする

　初めて面談する投資家が相手の場合、「初めて会う投資家」用プレゼン
テーション資料をベースに10〜20分程度の説明を実施しましょう。この説
明を通して、「自社が魅力的な投資対象であり、面談相手は投資を検討す
べき」というメッセージを強く打ち出します。

　投資家が質疑応答を要望する場合でも、可能であれば5分以内の短いイ
ントロダクションを通じて「投資対象としての魅力」を伝えてから質疑応
答に入りましょう。ただし、決してだらだらと話さず、簡潔にポイントを
まとめて話すことを心がけてください。相手がイライラしてしまうと、そ
の後の対話がスムーズに進まなくなります。

　2度目以降の面談では、**前回の面談で投資家が興味を持っていたこと、
懸念を抱いていたことを冒頭で取り上げ、自社からのメッセージを伝える**
と良いでしょう。

　「前回の面談では『利益率の低下が課題だ』とうかがいました。その点
につき、新たな取組みがあるのでお話しさせてください」というような話
ができれば、対話の深化に役立ちます。

▶インタラクティブな対話をする

　面談の場では、投資家の意見や感想を聞きながらインタラクティブ（双
方向的）に対話しましょう。投資家との面談には、①投資家からの質問に
ピンポイントで回答する、②質問に回答するものの時間いっぱいまで一方
的に説明する、③投資家の意見や感想を聞きながらインタラクティブ（双
方向的）に対話する、の3段階がありますが、目指すべき形は③です。

①投資家からの質問にピンポイントで回答する（良くない例）

　投資対象となる会社の調査を始めて間もない投資家の場合、その全体像
をまだ捉え切れていない場合があります。質問が本質から外れていること

も往々にしてあります。

たとえば、かき氷事業を開始したアイスクリーム屋に対して「先日Ａ株式会社（電機メーカー）から新しい家庭用かき氷機が発売されたが、貴社事業に影響があり得ると思っている。その家庭用かき氷機の販売動向を知りたい」と聞かれた場合を考えてみましょう。

もし本当に、その家庭用かき氷機が脅威となり得るのであれば、販売動向に加えて対策をきちんと説明しましょう。

一方、もし家庭でのかき氷製造と専門店が提供する商品の質には大きな乖離があり、市場が異なるため、競合対象として語ることに意味がないと判断するのであれば、かき氷機の売れ行きについて回答するのではなく、競合として認識すべきでない理由について説明するべきです。

このような本質から外れた質問は、投資家側の根本的な理解不足から発していることが多くあります。そうした質問に対して機械的に一問一答形式で回答するのでは、投資家の誤解を解くことができません。会社側で質問の軽重を判断し、自社事業の全体像を俯瞰的に見てもらえるように誘導しましょう。

②質問に回答するものの時間いっぱいまで一方的に説明する（良くない例）

投資家との面談に慣れてきた頃に陥りやすいのが、この形式です。

投資家の質問に対して長々と回答するケース、相手の問いにストレートに答えず自身が伝えたいことを話し続けるケースなどが散見されますが、これでは投資家の理解が十分に深まりません。

自身の説明を投資家がどう捉えたか反応を見つつ投資家の疑問を掘り下げることで、対話の双方向性が生まれます。誰に対しても同じ説明を繰り返すのではなく、相手の理解や疑問に応じた説明を行なうことが重要です。

③投資家の意見や感想を聞きながらインタラクティブ（双方向的）に対話する（良い例）

インタラクティブな面談にするための試みの１つが、「質問返しをする」ことです。投資家は、会社が属する業界や競合会社に精通している場合があります。質問に回答した後でも腹落ちしていない様子であれば、相手の考えを聞いてみると良いでしょう。腹落ちしていない理由を知った上で、

納得してもらうために説明を加えることで、深い相互理解を得ることができる可能性があります。

その他にも、「インタラクティブな面談」にするために筆者自身が使っていた質問を挙げます。

---

①（初面談の場合）その投資家が自社に興味を持った理由を聞いてみる

②投資家が自社の「強み」「課題」をどう捉えているか聞いてみる

③（海外投資家に）投資家の母国における自社産業との共通点・相違点について聞いてみる

④（株式未保有の相手に）保有していない理由を聞いてみる。保有するには何がきっかけになり得るのか聞いてみる

⑤面談の終了前に、その日の面談を通じて投資家が受けた印象・感想を聞いてみる

（「感想を聞きたいので、最後の5～10分をください」と面談冒頭で伝えると良いでしょう）

▶「機会」や「強み」だけではなく、「課題」と「課題の解決方法」も伝える

1-5で述べたとおり、IRにおいては自社の強みや競合他社への比較優位性、自社の価値創造ストーリー、成長ストーリーなどのアピールポイントと共に、「現在、会社が抱えている課題」や「今後の成長を阻みかねない課題」を抽出した上で、「その課題をどのように解決するのか」について投資家に伝えることが重要です。

常日頃から自社を俯瞰し、課題について考える姿勢を持ちましょう。

▶財務効率を重視した対話を心がける

3-6で言及したとおり、投資家が「経営目標として重視すべき指標」として挙げた指標は、上から順に、ROE、ROIC、資本コストです。

投資家（特に長期視点の投資家）は売上高の成長よりも、「資本コストを意識した効率的な経営」を求めています。

投資家とのディスカッションの際には、自社の資本コストを念頭に置いた上で、「収益効率性」を意識して話しましょう。

▶ 常に中長期視点を忘れない

投資家との面談の際に、足元の業績などの短期視点のテーマに話題が集中することがあります。

短期視点の質問を発するのは、実は短期視点の投資家だけではありません。中長期視点の投資家にとって短期業績は、「足元の業績」ではなく「将来からバックキャストした1地点」の業績です。そのため、「将来の成長を実現するために重大な課題が生じている」と感じた時には中長期視点であっても短期業績に関する質問を発することがあります。

面談相手の視点の長さにかかわらず、質問には誠実に対応した上で、常に「この戦略の中長期的な意義は」「この投資による将来的な影響は」などを付け加え、中長期視点を意識して話すことで、投資家の視点を中長期に引き戻すよう努めることが望まれます。

▶ フェアディスクロージャーを遵守する

2018年4月、日本において「フェアディスクロージャー・ルール」が施行されました。これは、株価に影響を及ぼし得る未公表の重要な情報を、上場会社などが公表前に特定の第三者に提供することを、原則として禁じるものです。

株価に影響を及ぼし得る情報とは、決算情報や業績予想の修正、M&A案件などの適時開示が必要な案件を指しますが、それだけではありません。足元の業績についても、対象となり得ます。

足元の業績をペラペラ話す企業は「いつ誰に何を話しているかわからない企業」ということになります。**自分が知らない情報が、いつの間にか株式市場に伝わっているリスクがあるとなれば、中長期視点の投資家は安心して保有できなくなります。**

投資家から「前回の決算発表日以降の業績の進捗」について聞かれた時には、次のように伝えるようにしましょう。

「足元の業績についてはフェアディスクロージャーの観点から申し上げられません」

「『公表見通し』と大きな乖離が生じた場合には適時開示が必要になりますが、現時点ではそういう状況ではありません」

「前回の決算発表（○月○日）までの状況を詳しくご説明します」

このように伝えることで、ほとんどの機関投資家は納得します。

フェアディスクロージャーを遵守することで、中長期視点の投資家が安心して株式を保有することができる会社となることを目指しましょう。

Column
スモールミーティングへの対応

時価総額が大きい会社において、証券会社カンファレンスや海外ロードショーの際に設定される、3〜6社程度の投資家が参加する個別ミーティングを「スモールミーティング」と呼びます。スモールミーティングは1on1ミーティングとは様々な点で異なります。

まず、参加者ごとに対象会社の事業への「理解度」が異なります。既存株主は事業を熟知していますが、新規投資家はほとんど前知識がない場合があります。

そのため、「目的」も異なります。既存株主は事業状況のアップデートをしたいと考えていますが、新規投資家は「1on1ミーティングにはしっかり予習して臨む必要があるが、スモールミーティングなら気軽に参加できるので、まずは様子を見てみよう」と考えている場合があります。

また重要な点として考慮すべきは、ミーティングに参加している投資家が仲間ではなく、ライバル同士であるということです。

質問によっては、その投資家が「何を基準に投資判断をしているか」というネタバレとなり、他の投資家の参考にされかねません。そのため、スモールミーティングでは最重要な質問はしないという投資家もいるでしょう。

参加者の事情は上記のとおりですが、一方で、会社にとってスモールミーティングは「既存株主とのコミュニケーションの場」であ

ると共に、「新規投資家に株式保有してもらうための絶好の機会」ともなります。そのため、以下の2点に気を付けましょう。

　既存株主からの質問に回答する際には、必ず自ら「質問の背景への補足」をしましょう。

　既存株主は事業を熟知しているため、その知識に基づいた深い質問をしてくることが多くあります。質問を通じて投資家が具体的に何を聞きたいのか、皆さんにはわかるでしょうが、新規投資家にはわからない場合があります。皆さんが質問の背景について丁寧に補足し、その上で回答してください。「面談に参加している人を、誰も取り残さない」、という意識で臨むと良いでしょう。

　そして、次に気を付けるべきは、投資家全員の顔を見ながら説明することです。1人の投資家からの質問が多いと、ついその投資家の顔を見ながら回答し、「1対1の会話」になりがちです。参加者全員の顔を順番に見ながら話しましょう。皆さんが配慮していることは必ず相手に伝わりますし、新規投資家の「話を聞こうとする意欲」が大きく高まるはずです。

12-3

面談後のフォローアップ

▶ 議事録の作成

　面談の際には議事録を作成しましょう。議事録を作成する目的は主に2つあります。

---

①対話内容を次の面談に活かし、対話の深化を図る
②社内フィードバックを作成する際に参照する

　そのため、必ずしも対話内容を一字一句詳細に記録する必要はありません。普段どおりの説明を自社スピーカーが行なっている場合には、その旨を簡単に記録します。

　一方、投資家が課題と感じているため議論になった点、投資家の意見／要望などについては、ニュアンスをも感じ取ることができるような丁寧な記載が望まれます。

　自社のIR活動を改善するための重要な業務であることを理解し、丁寧に取り組みましょう。

▶ 面談記録整理の徹底

　面談後は、相手の情報をコンタクトデータベースに正確に記録しましょう（7－2参照）。

　証券会社のコーポレートアクセス部門経由での面談依頼の場合、投資家のメールアドレスや電話番号がわからない場合があります。そのような場合には、面談の最後に連絡先を聞いた上で、コンタクトデータベースに抜け漏れなく記載するようにしましょう。

　コンタクトデータベースの内容と議事録を同期させ、いつでも簡単に面談内容を確認できるようにしておきます。

▶ 面談後のフォローアップ

面談後には、以下の点に注意し、丁寧なフォローアップをしましょう。

①社内反省会を実施する
②面談後に投資家／アナリストから追加質問が来た場合には、質・スピード共に良いレスポンスをする
③投資家／アナリストへ定期的な「御用聞き」（面談依頼）を行なう
④重要な事案の発表後には投資家／アナリストへ能動的に連絡する

①社内反省会を実施する

投資家との面談が終わったら、1回の面談ごとに社内で反省会をしましょう。面談には最低2人（スピーカーと議事録担当）が出席しているはずです。出席者全員で10分程度の認識のすり合わせを行ないます。確認すべきなのは、主に以下の点です。

☑話がかみ合っていなかった点はないか（投資家の疑問に回答していたか）？
☑相手が誤解したまま面談が終わってしまった点はないか？
☑説明不足の点がなかったか？
☑新たな「常識・認識ギャップ」に関する気付きはなかったか？
☑その他、今後の改善に活かすことができるポイントはなかったか？

反省会を実施した後に、適切に回答できなかったことや説明が不足していた点があれば、メールや電話によるフォローアップを実施します。

反省会の実効性を高めるためには、社内で忌憚なくディスカッションできる関係性が求められます。

スピーカーが経営トップや上司の場合、指摘しづらいこともあるかもしれません。しかしながらスピーカーは通常、投資家と対話することに精一杯で自身を俯瞰する余裕がありません。同席者が的確な指摘をすることが改善の糸口となりますので、同席者の責務と心得て行ないましょう。

②**面談後に投資家／アナリストから追加質問が来た場合には、質・スピード共に良いレスポンスをする**

　面談後に投資家から追加質問が届く場合があります。質・スピードの両面に配慮して対応しましょう。

　既に準備されている資料などの提示で済む場合にはメールで対応しましょう。また、資料送付だけでは説明が不足する場合には、電話で補足するようにしましょう。

　すべてをメールで行なうのでなく、電話をコミュニケーション手段に加える理由は2つあります。

　1つ目は、メールのやり取りは「証拠として残る」ことを会社側が意識するために、文面の作成や確認に時間がかかり非効率な場合が多いことです。

　そして2つ目は、メールのやり取りでは質問・回答共に「裏にある意図やニュアンス」が伝わらず、コミュニケーションギャップが生じる可能性があることです。

　中には電話での連絡を嫌がる投資家もいますので、「電話での連絡は不要」と言われた際にはその旨を投資家リストに付記してください。必要に応じて「電話で話したい」旨のメールを送り返信を待つなど、フレキシブルに対応しましょう。

③**投資家／アナリストへ定期的な「御用聞き」（面談依頼）を行なう**

　既存株主および企業側で「建設的な対話相手」になってもらいたいと考える投資家については、連絡を待つのではなく能動的に行動しましょう。

　四半期ごとにこちらから、「事業進捗についてディスカッションしたいので面談の時間をいただきたい」と連絡しましょう。「半期に一度で良い」「今は興味ない」などの返信がある場合には、お礼を言って引き下がり、うるさがられないよう留意しつつ、まめにコンタクトしましょう。

④**重要な事案の発表後には投資家／アナリストへ能動的に連絡する**

　特別に説明が必要な事案（M&A、業績予想修正、事件など）が発生し「適時開示」を行なった際には、すぐに必要な相手に電話などで連絡しましょう。

その際には、「定期コンタクトすべき投資家」に含まれる既存株主を中心に抽出すると良いでしょう。重要な株主に対してはIR担当者に加えて、経営者自らが電話で説明することも検討しましょう。

　有事における誠実な対応は、信頼関係を深めます。

12-4

自社から面談を依頼する場合の留意点

　自社から面談を依頼する場合には２種類のケースがあります。①過去に面談した相手に再度面談を申し込む場合と、②まったく新規の相手に面談を申し込む場合です。

▶過去に面談した相手に再度面談を申し込む場合

　前節の「投資家／アナリストへ定期的な『御用聞き』（面談依頼）を行なう」にあるように既存株主や、企業側で「建設的な対話相手」になってもらいたいと考える投資家については、定期的に面談を依頼し、能動的にアプローチしましょう。

　過去に面談したことがある相手であれば、既に連絡先がわかっているはずです。また、過去面談したということは、先方も（少なくとも面談を実施した当時は）自社に興味を持っていたということです。

　株式売却済であり、現時点では株主となっていない投資家であっても、その投資家が懸念を抱いていた課題解決に進捗があった場合などは積極的にアプローチして説明します。

　先方から返事がないなど、現時点で興味がなさそうな場合にはいったん退き、タイミングをうかがいましょう。

▶まったく新規の相手に面談を申し込む場合

　卓越したビジネスモデルを持っているにもかかわらず株式市場での認知度が低い場合など、投資対象としての魅力が非常に高い会社であれば、面談成立の可能性があるでしょう。また時価総額が大きく、日本経済や産業全体のベンチマークになるような会社も、面談成立の可能性が高くなります。

　上記以外の場合は、会社からのアプローチを受けて投資家が面談を新規に行なう可能性は、残念ながら一般的にはそれほど高くありません。

　そのため、まずはより成功率が高い上記の「過去に面談した相手に再度

面談を申し込む」ことを試みた上で、余力を新規面談に使うというくらいの意識を持つと良いでしょう。次ページのコラム「お悩み相談『新規株主の開拓はどうすれば良い？』」も参考にしてください。

　新規投資家のターゲティングには「投資家データベース[52]」を活用します。

　プロフィール、運用資産、投資スタイル、アクティビスト活動の有無、自社や同業他社株式の保有状況、投資方針などを確認して選定します。

　面談の申し込みについては、投資家データベースに記載されている連絡先に直接連絡する方法、証券会社のコーポレートアクセス部門やIR支援会社を通じて行なう方法などがあります。

　なお、日本におけるリアルでの面談やオンライン会議などに比べて、13－2で説明する「海外投資家訪問（海外ロードショー）」では、会社からの面談依頼が受け入れられる可能性が比較的高いため、海外投資家訪問を新規投資家獲得の絶好の機会として活用することができます。

52　投資家データベース：詳細は7－1参照。

Column
お悩み相談「新規株主の開拓はどうすれば良い?」

　IR担当の方からのお悩み相談で多いのが「新しく株主を開拓するためは何をすれば良いのでしょうか?」というものです。

　この質問に対しては、私から逆質問することにしています。

①既存株主との対話をどの程度能動的に行ない、経営の改善に活用していますか?

②以前面談依頼があった投資家に、貴社側から定期的にアプローチして面談をしていますか?

　本著を通じて皆さんにお伝えしていることは、「株主との対話を通じて経営改善を継続的に行なうことにより、新たに中長期視点の投資家が興味を持って株主になる可能性が高くなる」ということです。

　その努力を十分に行なわずに、新規株主獲得のための積極的なプロモーション活動を闇雲に実施してしまう原因は、「新規投資のみが株価形成に役立つ」という考えをお持ちの方が多いことにあると思われます。

　新規投資は確かに株価上昇の効果をもたらしますが、それは「既存株主は株価に影響をもたらさない」ということではありません。

　既存株主は、投資先企業のバリュエーション（企業価値評価）を行ない「理論価値」を算出した上で投資しています。株主であるため、対象企業の事業／財務を含めた経営を深く理解しています。たとえばある出来事（短期的な業績悪化など）による株価下落が発生した際に、常日頃から建設的な対話をしていれば、「企業価値を本質的に毀損する出来事か否か」の判断を下すことができます。それが「一時的な出来事」であって本質的な企業価値は変わらないということを株主が確信するならば、その株価下落は株主にとって「組

入れ金額拡大の好機」になります。元々投資規模が大きい株主であれば、組入れ金額の変化が対象企業の株価動向に一定の影響をもたらします。

また、海外投資家は転職の機会も多いため、横のネットワークが強く、「良い銘柄」の情報は矢のような速さで伝わります。グローバルにリスペクトされる「中長期視点の投資家」が株式保有を増やしたことが大量保有報告書などを通じて公表されると、投資家同士のネットワーク内で注目されるきっかけとなり、株式市場における評価向上につながることがあります。

既存株主との対話を十分に行なった上で、時間や労力などのリソースが残っているのであれば、次に行なうべきことは、「過去面談したことがある投資家へのアプローチ」です。

過去面談したということは、先方も（少なくとも面談を実施した当時は）自社に興味を持っていたということです。

前述のとおり、新しい株主開拓を目指すことは至難の技です。

それよりも、以前から自社に興味を持っている投資家に会社側からアプローチして株主になってもらうよう対話を重ねることの方が、実効性がよほど高いはずです。

なお、現時点で時価総額が非常に小さく、機関投資家の株主がほとんどいない会社については、**事業を磨くことで利益を成長させ、機関投資家の投資対象となることを目指しましょう。**

第13章

海外投資家との対話

この章では、海外投資家をターゲットにして対話する際の
注意事項を説明します。

13-1

海外投資家対応時に特に注意すべきこと

　海外投資家をターゲットにする場合の基本ポイントは、以下のとおりです。

資料

①IRサイト日本語版の情報や資料はすべて英語でも提供するという
　意識を持つ

②情報の掲載タイミングを日英同時にする

③英語の質とスピードのバランスを取る

④国内と海外の「常識のギャップ」を埋めるための補足資料を作成す
　る

面談

⑤積み上げではなく、大枠から説明する

⑥結論から先に、明快に話す

⑦相手のペースに引きずられない

⑧質問の意図が不明確な時には「近そうなこと」を話してみる

**①IRサイト日本語版の情報や資料はすべて英語でも提供するという意識
を持つ**

②情報掲載タイミングを日英同時にする

③英語の質とスピードのバランスを取る

　資料の提供にあたっては、プライム市場上場会社や海外投資家が既に株
主に含まれている会社、海外投資家をターゲットしている会社などは、6
－2にあるように、①～③に留意する必要があります。

④国内と海外の「常識のギャップ」を埋めるための補足資料を作成する

　日本人の間で常識となっている事柄が海外投資家にとって常識ではない

ため、追加説明が必要とされる場合が多くあります。その際に活用するのが、④の資料です。

たとえば、海外投資家が「投資対象会社の新卒社員の初任給について」質問した場合には、金額の絶対値を知りたいのではなく、「競合他社と比較してどうなのか」「若者が都会で暮らすのに十分な金額レベルなのか」という疑問を持っている可能性があります。海外都市における生活費が近年急速に上昇していることが、質問の背景にあると考えられます。このように質問の「裏の意図」を把握し、他社と比較した金額レベルと共に、当該都市における必要生活費水準を説明することで、海外投資家の真の疑問に答えることになるでしょう。

このような「常識のギャップ」が自社事業の「競合状況」「産業を取り巻く状況」などに関してもあり得るのであれば、④の補足資料を作成することで投資家の理解を正しく深めることができます。常に「どこかに認識ギャップがないか」ということに気を配り、ギャップを埋めるために尽力することが、海外投資家との対話では必要とされます。

⑤積み上げではなく、大枠から説明する

海外投資家は、ロジックの組み立て方やアプローチの仕方が国内機関投資家と異なることが多くあります。

国内機関投資家は、日本企業の事業背景などを既に理解していることも影響し、対話においては「事業の詳細な点」についてディスカッションする「積み上げ」のアプローチが多くなります。一方、海外投資家は、会社を全体感や大枠で捉えようとします。

対話を始めて間もない海外投資家であれば、「初めて会う投資家」用プレゼンテーション資料[53]を活用することが有効です。

定期的に対話する海外投資家であれば詳細な質問を受けることが多いと思いますが、常に「中長期戦略の中での位置付け」「自社のパーパスとの関係性」など、大きな枠組みの中での意義を伝えることを意識して説明します。

53　「初めて会う投資家」用プレゼンテーション資料：詳細は12−1参照。

⑥**結論から先に、明快に話す**

　投資家との面談時間は限られています。まわりくどい説明や的を外した説明、曖昧な結論は投資家をイライラさせます。質問に対しては、ストレートで明快な回答を提供しましょう。

　また、**結論を最後に言う日本語と異なり、英語は結論を先に言う言語です。話す際には「結論から先に、明快に」を意識して話すようにしましょう**。

⑦**相手のペースに引きずられない**

　海外投資家の中には、戦略的に（あるいはナチュラルに）アグレッシブに話す方がいます。外国人とのディスカッションに慣れていないと圧倒されがちです。

　非開示の情報についての質問が続いたり「うまく答えられていないな」と自分で感じる質疑応答が続くと、相手のペースに引きずられ、言うべきことを言えなかったり、余計なことを言ってしまったりしかねません。

　自身がそのような状況に陥っていると感じた場合には、深呼吸をして水を一口飲むなどの動作を取り入れ、自分のペースを取り戻しましょう。そして、狭くなった視野を広げることを意識してみましょう。

⑧**質問の意図が不明確な時には「近そうなこと」を話してみる**

　海外投資家から質問された際に「一体何を聞かれているかわからない」という場合があります。これは④にあるとおり、日本において常識と思われることが、海外投資家にとっては常識ではないことにも起因します。

　まずは遠慮せずに相手に聞き直して、もう一度質問を繰り返してもらいましょう。

　それでも依然「何を聞かれているかわからない」場合には、「日本の事業環境と異なるため、この部分がわからないのかもしれない」「背景を誤解していて、このことを聞きたいのかもしれない」とアタリを付け、簡単に「近そうなこと」を説明した上で「これで質問への回答になっているでしょうか？」と聞きます。

　投資家はその回答で満足することもありますし、その説明で足りなければ、別の角度から再度質問を試みるでしょう。ここから対話のキャッチボ

ールが始まります。

　最初の「**アタリを付けた回答**」が質問の意図に即した回答でなかったとしても無駄ではなく、お互いの認識のすり合わせにつながります。対話の深化のためには、沈黙よりもずっと効果があるので活用しましょう。

13-2

海外投資家訪問（海外ロードショー）

　IR活動の一環として**海外の投資家オフィスを訪問して面談することを、**「**海外ロードショー**」**と呼びます。**「ノンディール・ロードショー」と呼ばれることもありますが、これはディール（株式公開や売り出しなど）の前に機関投資家に向けて行なう説明会と区別した呼び方です。

　海外ロードショーでは、自社オフィスや国内の投資家オフィスではなく、海外の投資家オフィスを訪問してIR面談を行ないます。面談自体は通常のIR活動の延長線上にありますが、慣れない環境での面談となるため「アウェー感」が伴いますし、時差の負荷に耐えながら短期間で多くの都市を訪問するため、普段以上の体調管理が必要になります。

　海外ロードショーのメリットとしては、普段の対話相手であるバイサイド・アナリストのみならず、実際に運用を行なうファンドマネジャーが同席したり、「**わざわざ訪問してくれた**」**と好意的に受け取られることで距離感が近くなり対話が深まる可能性があること、新規投資家開拓のきっか**けとなり得ることが挙げられます。

▶ 海外ロードショーの企画

　海外ロードショーを企画する際には、まず開催時期と訪問都市、大枠のスケジュールを決める必要があります。

▶ 開催時期の設定

　日本企業は事業年度が4月から翌3月となっている場合が多く、4月下旬から5月中旬に通期決算を発表します。この通期決算を終えた後に海外ロードショーを行なう会社も多いようです。

　筆者が在籍していた会社（3月決算）では5月に第1期海外ロードショーを行ない、8月にアニュアルレポートや統合報告書を仕上げた後、9月に証券会社主催の複数のカンファレンスに国内にて参加、10月末の第2四半期決算発表を終えた後、11月に第2期海外ロードショーを行なっていま

した。

　自社の経営陣やIR業務のスケジュールを勘案した上で、最も適切な時期を選ぶと良いでしょう。

　その際に、注意すべき点は以下のとおりです。

開催時期設定の際の注意点

☑ 訪問候補である各都市の祝日を考慮する

☑ 8月（夏休み）、11月（感謝祭＝サンクスギビング）、12月初旬以降（クリスマス休暇）など、投資家が休暇をとるタイミングに注意する

☑ 日本企業の多くがロードショーを企画する「ラッシュ週」を避ける

☑ 自社の沈黙期間を避ける

☑ 決算発表直後は日本で投資家対応を実施する必要があるため避ける

▶訪問都市とスケジュール

　次に決めるべきなのは訪問都市とスケジュールです。ロードショーの長さは一般的に、数日（アジア訪問の場合）から2週間程度とされています。

　米国、欧州、アジアやオセアニアを一度に訪問することは不可能です。複数回に分けて訪問する必要があります。

　「自社の株主がどの都市に多いのか」「新規株主候補としてターゲットする投資家がどの都市にいるのか」など、様々な要素を勘案して訪問都市を設定します。

　筆者が欧米のロードショーを企画した際には、ロンドン、ボストン、ニューヨーク、西海岸などを1週間強でまわるスケジュールを立てていました。上記以外の地方都市に大株主がいる場合には、主要都市滞在時間を短縮して当該地方都市（例：エジンバラ、トロントなど）を訪問しました。

　移動効率を考慮し、欧州と米国の訪問時期を分ける会社も多くあります。

　体力的に無理がない範囲で、効率的に主要な投資家を訪問するスケジュールを立てましょう。

▶ 対応者

次に、CEO、CFO、IR責任者、IR担当者などの中で、誰が海外ロードショーのメインスピーカーとして対応するのかを決める必要があります。

投資家の立場からすると、最も好ましいスピーカーはCEOですが、1年に複数回ロードショーを実施する場合、毎回CEOが対応することは困難です。

その際には、分担して対応することも検討すべきでしょう。**「欧米の投資家については昨年CEOが訪問したので、今年はCFOが訪問」**など、**ローテーションを組むことも効果的**です。

その際に重要なのは、事前に経営陣のスケジュールを押さえることです。

CEO／CFOなどの経営陣のスケジュールは常に予定が詰まっており、「3か月後に1週間空けてほしい」と秘書に依頼しても、調整が難しいはずです。

可能であれば毎年同じ時期を「海外ロードショー期間」と定め、他の予定を入れないようにしてもらいましょう。筆者はロードショーからの帰国後初の出社日に「来年の予定」を毎回秘書と調整することで、確実に経営陣が対応できるようにしていました。

▶ アレンジ会社の決定と連携

訪問都市における土地勘がない中で、投資家オフィス間の移動時間を調べた上で各投資家に連絡を取り面談時間を設定する、移動のためのハイヤーやホテルを手配するなど一連のロジスティックス（運営）を自社で行なうことは非効率ですし、ミスが起きる可能性が高くなります。

また自社が株主候補と考える投資家と、自社に興味を持つ投資家は必ずしも一致しません。

そのため、投資家のターゲティング、ミーティングのアポイントメント設定や、一連のロジスティックスは海外ロードショーのアレンジを専門とする外部の会社に依頼し、連携する必要があります。

アレンジ会社としては、大きく分けると証券会社のコーポレートアクセス部門とIR支援会社の2種類が考えられます。

図表13-1で、それぞれ依頼するメリットとデメリットを見てみましょ

う。

図表13－1 アレンジ依頼先のメリットとデメリット

	証券会社の コーポレートアクセス部門	IR支援会社
コスト	証券会社の対機関投資家営業の一環として行なうため、実費以外は基本的に発生しない	手配などに関するコンサルティング料が発生する
主体性	投資家からは、「証券会社が面談依頼の主体者」に見える傾向がある	投資家からは、「上場会社が面談依頼の主体者」に見える傾向がある
面談調整相手	証券会社にとっての上位顧客（短期間で大きな金額を売買する投資家）が面談相手として提案される可能性がある	上場会社にとって「株主として望ましい」投資家が面談相手として提案される
特記事項	MiFID２の影響[54]で、主に欧州において面談調整が困難	MiFID２の影響なし

　依頼時点での時価総額が十分大きくなく、自社のビジネスモデルに海外投資家が特段興味を持たない、つまり面談設定が難しい企業の場合には、海外ロードショーが成立しません。

　その場合には国内での投資家対応を優先し、既存株主との対話を深めて事業を磨くと共に、英語資料を提供することで海外投資家の投資対象となることを目指しましょう。

▶ 訪問先のターゲティングと面談設定

　アレンジ会社が決まったら、自社の既存株主や株主になってもらいたい投資家など、訪問したい投資家を抽出し、アレンジ会社が考える「自社に興味を持ちそうな投資家」とすり合わせをしましょう。

　投資家への面談依頼はアレンジ会社が実施することとなりますが、「**貴**

54　１－６のコラム「MiFID２の影響」参照。

社と会いたい」と会社自身が考えていることが正しく伝わるようにします。

　既に面談履歴がある相手であれば、アレンジ会社からのコンタクトとは別に「面談依頼がアレンジ会社から行くので検討してほしい」旨のメールを送ることも自主性を伝える上で有効です。

▶ラージミーティング設定時の留意点

　多くの投資家が興味を持つような会社の場合には、1 on 1 ミーティングに加え、スモールミーティング（投資家複数社と自社との面談）やラージミーティング（投資家数十人が参加する説明会）が設定されることがあります。

　スモールミーティングの進め方は通常の個別面談と大きな差異はありませんが、ラージミーティングの進め方は決算説明会に似たものとなります。

　ラージミーティングへの招待者は、自社のコンタクトデータやアレンジ会社のコンタクト先から選定します。

ラージミーティングのプログラム例

1	開会のあいさつ
2	事業概況、成長戦略などに関するプレゼンテーション（30分程度）
3	質疑応答（40分）
4	閉会のあいさつ
5	名刺交換

　ラージミーティングは、「ランチミーティング」として昼食時に行なわれることもあります。投資家がランチを食べながら会社側のプレゼンテーションを聞き、食べ終わった頃に質疑応答が始まる形式のもので、投資家の時間を有効活用するものです。

　自社が多くの投資家の興味の対象となっていることがわかっている場合には、開催を検討すると良いでしょう。

▶その他、ロードショー中の留意点

　前述のとおり、時差ボケと闘いながら複数都市を訪問するという体力的

にも負担が大きいイベントです。日本国内からのメール連絡や、場合によっては日本のオフィスで発生するインシデントにも対応する必要があるため、自身の体調管理には十分注意するようにしましょう。

　スピーカーが英語を話せない場合には、通訳を日本から連れていくか現地で依頼する必要があります。アレンジ会社が手配してくれますが、事前打ち合わせや面談後のフィードバックを適切に行なうことで、通訳者のスキルアップとあわせ、自社事業を正しく理解する「お馴染みの通訳者」になってもらうことを意識しましょう。

▶ 面談後のフォローアップ

　面談後は国内投資家に対してと同様、フォローアップを行ないましょう。投資家に面談のお礼状を出すことも、関係性構築のために有効です。

　アレンジ会社が訪問先の投資家への事後ヒアリングを行ない、その内容をレポートにまとめて提供してくれる場合には、参加者のみならず社内関係者全員に共有し、今後の対話改善に役立てます。

Column

「課題」の英訳は？

　20年ほど前のことです。私がIR室長を担っていた日本企業の社長が、米国の関係会社の「アナリストデイ」でプレゼンテーションを行なうことになりました。社長は英語でプレゼンテーションを行なう予定でした。

　前日に現地入りした社長と私は、早速リハーサルに駆り出されました。当時、年率＋50％近い高い利益成長を誇る会社でしたが、課題も浮かび上がっていました。当然、課題について触れなければなりません。

　「一方で、この事業には課題＝Problemがあります」

　その途端、リハーサルを見ていた米国の関連企業のCFOが立ち上がってスピーチを遮りました。

　「Problemと言ってはダメ！　Challengeですよ‼」

　「Challenge」には、「難易度は高いが乗り越えるべき課題」というニュアンスがあります。

　それ以来、筆者は「課題」を英語で伝える際には、必ず「Challenge」という単語を使うようになりました。

第14章

個人投資家対応

この章では、IR活動における重要なステークホルダーの1つである、個人投資家への対応について説明します。

14-1

個人投資家との向き合い方

　機関投資家だけでなく個人投資家も、株主として重要な役割を果たしています。

　機関投資家の投資ユニバースに入らない時価総額が小さい会社にとって、中長期視点の個人投資家は、重要な「ターゲットにすべき投資家層」です。

　また、一般的に、個人投資家は機関投資家とは異なるタイミングで株式を売買するため、時価総額が大きい会社にとっては、株価安定に役立つ投資家層と言われています。一方で、個人投資家ひとりが売買したことによる株価インパクトは、機関投資家1社の売買による株価インパクトに比べて極めて小さいことがほとんどです。

　会社は自社にとって効果が高いIR活動を、効率的に行なうことが求められています。自社の株主構成やターゲットすべき投資家層を検討した上で、時間や資金などのリソース配分を行ないながら、「ファン株主」である個人投資家を増加させましょう。

　SNSを活用したり、ウェブサイトに「個人投資家の皆様へ」というコーナーを作成し、コンテンツを提供するのも良いでしょう。

▶広報との連携（メディア活用）

　1-5で説明したとおり、PRにおいて会社は「アピールしたいこと」をマルチステークホルダーに伝えますが、IRにおいては「アピールしたいこと」のみならず「課題」と「解決方法」を投資家に伝えることが重要です。

　しかしながら個人投資家の多くは、会社の魅力、つまり会社が「アピールしたいこと」に目を向けます。そのため、PRを担う広報との連携が重要となります。

　メディア媒体への露出、SNS配信などを通じ、自社の魅力を個人投資家に伝えることは「ファン株主」の拡大に役立ちます。

▶ IRサイトの活用

　IRサイトは、投資家が何かを知りたいと考えて訪れた際に必要とされる情報を提供する重要な場所です。SNSを含めたプッシュ型の情報発信を行なうよりも前に、まずはIRサイトにおける情報を質・量どちらも充実させるべきです。

　IRサイトに掲載されているコンテンツはすべての投資家をターゲットにしたものですが、平易な言葉を使い図表などを活用した、わかりやすい「個人投資家の皆様へ」というコーナーをIRサイトの中に作成することは、個人投資家の理解促進に役立ちます。

▶ 個人投資家向け説明会の開催

　個人投資家向け説明会の開催も、「ファン株主」拡大に役立ちます。

　リアルな会場で実施するのも良いですが、後日視聴を含め、より多くの投資家に見てもらうにはオンライン説明会や動画配信が有効です。対面であれば数十人しか参加していただけませんが、オンラインであればより大人数への対応が可能ですから効率的です。

　どのような形式の説明会であっても、平易な言葉とわかりやすいロジックを心がけてプレゼンテーション資料を作成しましょう。

　四半期決算を発表した後に、CEOが個人株主に向けて事業概況を説明する動画を作成し配信することも、個人投資家の理解促進に役立ちます。

▶ 株主優待の活用

　株主優待制度はファン株主の維持・拡大のために有効な施策です。株主優待制度のメリットは、自社商品やサービスを実際に使ってもらう機会になる点です。

　大和証券グループによると、2022年9月時点で全上場会社の4割が株主優待を実施[55]しています。

　このように日本企業の多くが、株主優待制度を「ファン株主」獲得・維

55　（株）大和総研『近年の株主優待の実施動向と、廃止による株価下押し圧力の推計』https://www.dir.co.jp/report/research/capital-mkt/asset/20230118_023554.pdf

持のために活用していますが、海外機関投資家には一般的に不評です。

　理由としては、そもそも株主優待というシステムが日本以外ではあまり多く見られないことに加え、優待品の個数（価値）が保有株式数に比例しない場合があること（＝大量保有する機関投資家にとって不利）や海外機関投資家が受け取れない場合[56]があることなどから、株主の平等性に問題が生じ得ることが挙げられます。一方で、「株主優待」によって株価が安定し資本コスト低下につながるのであれば良し、と考える機関投資家も存在します。

　「ファン株主」拡大のために「株主優待制度」を活用するかどうかは、上記を踏まえて検討する必要があります。

▶ 株主通信の作成

　株主通信も「ファン株主」拡大のための有効な施策です（11－4参照）。

▶ 個人投資家向け情報提供の改善

　日本証券アナリスト協会によるディスクロージャー優良企業選定において、個人投資家向け情報提供の評価項目は図表14－1のとおりです。

　「個人投資家向け会社説明会」「ウェブサイトにおける開示など」「事業報告書などの内容」が挙げられていますので、自社の活動改善のために活用してください。

56　機関投資家向け株主優待品については、昨今ではカストディアンである受託銀行が換金した上で信託財産に入金しているケースもあるようです。しかしながら、すべての株主優待品がこのように処理されているわけではないため、完璧なソリューションとは言えないでしょう。

図表14−1 日本証券アナリスト協会「証券アナリストによるディスクロージャー優良企業選定」における「個人投資家向け情報提供」2023年度評価項目および配点

【評価期間：2022年7月〜2023年6月】

1．個人投資家向け会社説明会の開催等（19点）	配点
(1)過去1年間（前年7月から本年6月までの間）に個人投資家向け会社説明会を何回開催していますか。[A.2回以上：2点、B.1回：1点]	2
(2)個人投資家向け会社説明会は、リアル（対面）形式と、オンライン形式の両方で行っていますか。[A.両方で行った：1点、B.リアル（対面）形式のみ：0点、オンライン形式のみ：0点]	1
(3)個人投資家向け会社説明会は、経営トップが説明を行いましたか。[A.経営トップが行った：2点、B.経営トップ以外が行った：1点]	2
(4)個人投資家向け会社説明会の内容は、ウェブサイトに掲載されて閲覧できますか。[A.配布資料に加え動画または音声で視聴できる：4点、B.配布資料の掲載のみ：2点、C.掲載なし：0点]	4
(5)ウェブサイトに掲載されている個人投資家向け会社説明会の内容は、わかりやすく（一般投資家に理解できるように）、かつ充実していますか。【個人投資家向け会社説明会に限定して評価】[1点〜10点の整数で評価。掲載なし：0点]	10
2．ウェブサイトにおける開示等（60点）	配点
(1)IRに関するウェブサイトは、探しやすさ・画面構成等にも配慮して利用しやすく、かつ、わかりやすく工夫されていますか。[1点〜4点の整数で評価]	4
(2)個人投資家向けサイト（個人投資家の皆様へ等の独立したサイト）が設けられていますか。[A.あり：1点、B.なし：0点]	1
(3)個人投資家向けサイトは、探しやすさ・画面構成等にも配慮して、充実した内容であり、かつ、わかりやすく工夫されていますか。また、IR情報のメール配信サービスなどの付加サービス機能を提供していますか。[1点〜8点の整数で評価。個人投資家向けサイトがない場合：0点]	8
(4)事業内容（主力商品、主力サービス等）が具体的にわかりやすく（一般投資家に理解できるように）説明されていますか。[1点〜10点の整数で評価]	10
(5)ウェブサイトに掲載されている各種説明会資料（個人投資家向け会社説明会資料およびその他掲載資料を含む）について	
A 業績の動きが、具体的にわかりやすく（一般投資家に理解できるように）説明されていますか。[1点〜10点の整数で評価]	10
B 経営目標・経営戦略が、会社の強み（業界シェアや他社との差別化等を含む）や課題等を踏まえて、具体的に、かつ、わかりやすく（一般投資家に理解できるように）説明されていますか。[1点〜10点の整数で評価]	10
C ESG（人的資本・人権を含む）について、具体的にわかりやすく（一般投資家に理解できるように）説明されていますか。[1点〜10点の整数で評価]	10
(6)各種説明会（個人投資家向け会社説明会を除く）の内容はウェブサイトに掲載されて誰でも動画で視聴できますか。[A.できる：2点、B.できない：0点]	2
(7)ウェブサイトに掲載のよくある質問と回答（FAQ）は、会社の事業内容や業績を理解するうえで、有益な質問項目が設定されている等全体的に充実し、わかりやすいですか。[1点〜5点の整数で評価。FAQの掲載がない場合：0点]	5
3．事業報告書等の内容（注）（21点）	配点
(1)全体として、図表等を用いることや適切な文字の大きさにするなど、読み手が見やすく、かつ理解しやすいように十分な工夫がなされて作成されていますか。[1点〜5点の整数で評価]	5
(2)経営方針、中・長期経営ビジョンが、ESGに関する情報も含めて、わかりやすく、かつ簡潔に説明されていますか。[1点〜10点の整数で評価]	10
(3)業績の動きがわかりやすく（読み手が理解しやすいように）説明されていますか。[1点〜6点の整数で評価]	6

（注）　直近事業年度について、個人投資家が容易に取得可能な、事業・業績の概況について、わかりやすい解説を行っているIR関連資料（事業報告書、株主通信、アニュアルレポート、統合報告書等）の中で、会社側から提供のあったいずれか一種類を評価対象とする。

第15章
フィードバック資料の作成と社内、取締役会への共有

投資家／アナリストとの対話から得たフィードバックを
経営に活用することが、企業価値を高めます。
この章では、フィードバック資料の作成方法と
共有方法について説明します。

15-1

フィードバック資料の作成

　投資家／アナリストとの対話を経営に活かし企業価値を上げるためには、**対話からのフィードバックを社内や取締役会に共有することが必要です。**

　四半期ごとに定期フィードバック資料を作成すると共に、重大な案件発表後には案件ごとのフィードバック資料を作成し、社内や取締役会に共有します。このような取組みを通じて、皆さん自身が自社の価値拡大に貢献できます。重要な役割であることを認識した上で取り組みましょう。

▶フィードバック資料作成の時期

　定期フィードバック資料の作成時期は、筆者が執行にかかわっていた時は、決算発表後1か月程度経過し主要な投資家との対話がひと段落した後に行なっていました。重要な案件のフィードバック資料は、案件発表の数日から1週間後を目処としていました。

　いつまでにやらなければならない、という決まりはありませんが、次の決算発表や今後のIR活動に活用するためにも早目に作成しましょう。

▶フィードバック資料のコンテンツ

　フィードバック資料を初めて作成する際に、記載項目をいちから決めるのは大変かもしれません。お勧めするコンテンツは、以下のとおりです。

四半期ごとの定期フィードバック資料のコンテンツ例

- ☑株主構成（所有者属性別株式分布、大株主リスト、大量保有報告書の有無など）
- ☑株価推移（TOPIX／競合との比較グラフ、自社・競合の決算発表日を明記）
- ☑株式市場全体、業界における主要ニュース
- ☑IR面談件数と投資家カテゴリ別内訳
- ☑自社決算発表のポイント

☑投資家／アナリストからの質問／コメント（投資家／アナリストの
社名とカテゴリを明記）

案件に関するフィードバック資料のコンテンツ例

☑株価推移（TOPIX／競合との比較グラフ、案件公表日を明記）
☑投資家／アナリストとの面談／電話件数
☑追加質問で多く聞かれた点
☑投資家／アナリストの意見／感想（投資家／アナリストの社名とカ
テゴリを明記）

　「投資家／アナリストの意見／感想」については、中長期視点、短期視点などの投資家カテゴリを記載した上で、「中長期視点投資家」に重点を置きながら詳細に記載すると良いでしょう。

　投資家からのコメントが多い場合には、定期フィードバック資料に関しては、たとえば「全社案件と経営について」「財務について」「事業Aについて」「事業Bについて」「株主還元について」「コーポレートガバナンスについて」「その他」といった形でカテゴリごとにページを作成した上で「ポジティブ・コメント」「ネガティブ・コメント」に分けて記載することをお勧めします。**ネガティブ・コメントは受け取る側にとっては耳に痛い情報であると同時に、様々な「気づき」をもたらします。そのため、フィードバック資料においてポジティブ・コメントよりもずっと重要性が高い情報となります。**書きづらいからと言って簡略化せずに、ニュアンスや背景を含めて丁寧に記載し、正しく伝わるように努めましょう。

　たとえば、アイスクリーム屋の例を挙げましょう。

　「かき氷事業を継続する理由はいったん理解した。一方で、うまくいかない場合の撤退時期を見誤らないためにも、事業ごとのROICを算出して今後の展開を考えるべき。事業別ROICについてはぜひ開示してほしい」などの声がありそうです。これらは丁寧に記載し、説明しましょう。

　加えて、証券会社のアナリスト（セルサイド・アナリスト）が自社についてのアナリストレポートを公開している場合には入手次第、社内関係者や社外役員に共有しましょう。その上で、報告書にはアナリストレポートの簡単なサマリーを入れると良いでしょう。

15-2

フィードバック資料の社内共有

▶社内共有するメリット

「社内」とは経営陣（CEO、CFO、執行役員など）、コーポレート部門（広報、経営企画、経理、財務、総務など）、事業部門などです。株式市場との対話で得たフィードバックを社内に共有することで、以下のような効果が期待できます。

①自社や自社事業の客観的な評価や、俯瞰的な視点から見た自社の姿を認識することができる

投資家／アナリストとの面談機会が多いIR部門は、自社を客観的・俯瞰的に見る姿勢に日常的に接していますが、経営陣や他部門は必ずしもそうではありません。

フィードバック資料を通じて株式市場からの客観的な評価や、投資家による俯瞰的視点から見た自社の姿を知ることで、さらに深く自社を理解することが可能になります。

②投資家からの意見、助言、質問などが、経営や事業を再考、改善するきっかけになる

グローバル市場や同業他社の事業を理解しており、企業分析の専門家である投資家／アナリストからの意見、助言、質問を理解することで、自社の経営や事業を見直し、改善するきっかけになり得ます。

③（コーポレート部門、事業部門の場合）様々な開示情報が、どのように投資家／アナリストに活用されているのかを理解することができる

自身が提供した情報がIR活動において重要な役割を果たしていると認識できるため、次回以降もIR活動に協力しようという気運が生まれます。投資家／アナリストにさらに役立つ情報を提供しようと、能動的に取り組

んでもらえることが期待できます。

フィードバック資料を作成し配布すると共に、自由参加型の説明会を開催しましょう。**各部門からの質問に回答しながら相互理解を深めることで、IR部門の皆さんの仕事がやりやすくなるはずです。**

なお、社内各部門による理解を深めてモチベーションを高めるためには、フィードバック説明会だけでなく、株式市場に関する基礎知識の普及を目的とした「社内IR講座[57]」も有効です。

▶ 取締役会への共有

社内への共有と同時に行なうべきは、取締役会への共有です。

コーポレートガバナンス・コードの基本原則5には以下の記載があります。

【株主との対話】

上場会社は、その持続的な成長と中長期的な企業価値の向上に資するため、株主総会の場以外においても、株主との間で建設的な対話を行うべきである。

経営陣幹部・取締役（社外取締役を含む）は、こうした対話を通じて株主の声に耳を傾け、その関心・懸念に正当な関心を払うとともに、自らの経営方針を株主に分かりやすい形で明確に説明しその理解を得る努力を行い、株主を含むステークホルダーの立場に関するバランスのとれた理解と、そうした理解を踏まえた適切な対応に努めるべきである。

「株主の関心／懸念に正当な関心を払う」ためには、まずそれを「知ること」が必要です。皆さんから経営陣へのフィードバック共有が重要であることがわかります。

また近年、**株主／機関投資家と社外取締役との対話（面談）が増加傾向にあります。**その準備の第一歩としても、日頃の「株主／投資家との対話」

57　社内IR講座：詳細は16－3参照。

に関する情報共有が必要となります。

　社外役員を含む取締役・監査役にフィードバック資料を共有し、取締役会にて口頭で説明しましょう。株主が挙げている課題について取締役会で検討することは、持続的な成長と中長期的な企業価値の向上に役立つはずです。

　取締役会と株式市場の対話は益々重要になってきています。自社の状況に応じて、しっかりと進めてください。

第16章

IR部門の組織構築と育成

最終章では、IR活動を支えるIR部門の組織構築、
目標と評価、メンバーのキャリアについて考察します。

16-1

担当者に求められるスキルと心構え

　「はじめに」でお伝えしたとおり、筆者は、IRとは「会社経営にかかわる重要な事柄を広く理解し、高い視座で取り組むことが求められる、総合格闘技」であると考えています。IRとほぼ同義語である「株主との対話」は経営陣幹部や取締役の責務です。その責務の一端を担い、経営陣幹部や取締役の代弁者ともなるのですから、「総合格闘技」であるのも当然と言えるでしょう。

▶ IR担当者の基本の心構え

　ここでは、最も大事にしていただきたい4点を挙げます。

---

①「逆コウモリ」の意志と姿勢を持ち、誠実さ（Integrity）を大切しよう！
②IRとPRの違いを理解しよう！
③俯瞰的な視座で物事を捉えよう！
④地味に見える業務にも魂を込めよう！

---

　①、②は既に説明をしました（1 - 7、1 - 5）ので、ここでは、③、④について説明していきましょう。

▶ 俯瞰的な視座で物事を捉えよう！

　「株主との対話」は経営陣幹部や取締役の責務です。経営者の間近でその考えに触れると共に、会社を第三者として俯瞰的に見る投資家／アナリストと対話する機会を持つIR担当者は、高い視座を持つ機会に恵まれていると言えます。

　株式市場との相互コミュニケーションであるIRを担う皆さんは、最終的には**自社の中長期的な企業価値／株主価値拡大に努めています**。その意識を常に持つことで日常業務においても、低い視座で判断された「部分最

適」ではなく、高い視座からの判断ができるようになるはずです。

ただし、日常的な業務を行なう際には、俯瞰力だけでは務まりません。

重要な開示資料の数々を作成する皆さんは、たとえ小さなものであってもミスを発生させてはなりません。些細なものであろうと開示資料にミスが続くようであれば、開示資料全体に対する株式市場からの信頼が低下することになります。

全体を俯瞰する「**鳥の眼**」と同時に、細かい情報を正確に反映した資料を作成する「**虫の眼**」を、皆さんは持つ必要があるのです。

「神は細部に宿る」という言葉があり、「細部（ディテール）へのこだわりが全体としての完成度を高める」という意味で使います。

業務を進める際に重要なのは「優先順位を決めること」です。

限られた時間のもと、「すべてに細かくこだわるべき」とは言いませんが、「鳥の眼」で全体像を把握した上で、開示資料の正確性やわかりやすさなどについては「虫の眼」を駆使し、こだわりぬいて取り組みましょう。

筆者も自身の俯瞰力はまだまだ不足しており、常に向上への努力が必要だと思っています。そして俯瞰力育成のために、以下のような取組みを行なっています。

①日本のみならず、世界の動きを常にアップデートする

新聞を読まない若者が増えていると聞きますが、日本経済新聞（日経新聞）については投資家／アナリスト、多くの企業経営者が読んでいますので、「ビジネスの共通言語」として読むべきです。

ただし、書いてある記事を鵜呑みにするのではなく、常に「この記事や論調を自身がどう判断するのか」について考え、自身の批評眼を養うことを目指しましょう。

同時に、海外のメディアにも触れる機会があると良いでしょう。Financial Times、Wall Street Journal、Bloombergなど、好きなメディアで良いので定期的にチェックしましょう。

②社外の立場（株式市場側）に立って物事を考える

会社に勤務していると、どうしても社内の常識で物事を捉えがちになります。投資家／アナリストなど、社外の人と話す際には、その考え方を理

解しようとすることで、別の視点を養いましょう。

③多面的なディスカッションを行なう（社内外）

いわゆる「ダイバーシティの重要性」がここにあると思います。同じようなバックグラウンドの人とばかり接するのではなく、社内外において異なるバックグランドや視点、発想の転換力を持つ人と話すことで、自身の俯瞰力が磨かれます。

④様々なネットワークの構築

前項で説明したとおり俯瞰力を養うためには、バックグラウンドや視点が異なっていたり、発想の転換力を持つ人と話すことが重要になりますから、そのような人たちが集まるネットワークに参加することが有効です[58]。IR担当者との交流を持つためには、一般社団法人日本IR協議会の法人会員となることも、1つの手段です。

また、様々なコミュニティ（コーポレートガバナンス／サステナビリティ／インパクト投資などの多数のコミュニティや複数の学会など）に属し、情報収集や参加者の方々との意見交換を行なうこともお勧めです。ただし、すべてのコミュニティに深く関与し活動するためには、時間がいくらあっても足りません。「深い関係性を持つコミュニティ」と「広く浅くのコミュニティ」を自身の中で定めて参加しましょう。

忙しくとも、機会を見つけて社外のネットワークに参加することをお勧めします。

⑤英語力を磨く

異なる言語を理解し外国人と対話することは、俯瞰力を高めるために役立ちます。

ましてや、皆さんが業務上で外国人と対話する機会を持つのであれば、英語力はなおさら必要になります。

58　なお、筆者自身が会社に属していた頃は、フェアディスクロージャーを厳守するため、原則として投資家／アナリストとは会食しませんでした。スタンスは様々ですが、自社で一定のルールを設けて付き合いましょう。

英語で話すことには、以下のメリットがあります。

> ☑IR面談時間が有効活用できる
> →通訳を介す場合、面談の実質時間が減少するため
> ☑ロジックの組み立て方や話す順序に関する頭の切替えが可能になる
> →英語で話す際には、結論から先に話したり起承転結ロジックに沿って話すことを意識するため、意思疎通がよりスムーズになる
> ☑海外投資家のコメントの微妙なニュアンスを理解できるようになる

　英語力を磨くために、筆者が自分自身や部内メンバーに実際に行なっていた取組みは、チーム内での勉強会や、オンライン英会話での練習、英語での自己紹介や「自社が魅力的な投資対象である説明」をするロールプレイングなど[59]です。ぜひ参考にして取り組んでみてください。

⑥メンターを持つ

　俯瞰力の育成にはメンターを持つことも有効です。

　必ずしも自身の業務に精通した人を見つける必要はありません。俯瞰的な視点で皆さんを見て、皆さん自身の意識を広げ、たとえば自身の思い込みから解き放たれるよう促してくれる人であれば、有効なメンターとなるでしょう。なお、筆者は夫がメンター的な存在となっており、実際に視座を大きく引き上げてくれたと考えております。

▶ 地味に見える業務にも魂を込めよう！

　皆さんはIR業務に取り組む中で、「退屈な業務が多い」と思ったことがありますか？

　どのような役割を担っていても、業務の中で「やりがいがある」「楽しい」と感じられるものは、本来それほど多くはないでしょう。

　しかし、地味な業務は決して無駄ではありません。地味で退屈な業務を積み重ねることで身に付いた経験があるからこそ、「やりがいがある」「楽

59　詳細な進め方については、拙著『「株主との対話」ガイドブック』（2023年、中央経済社）第5章を参照。

しい」仕事がこなせるようになるのです。

　筆者は現在、複数の上場会社の社外役員やIR／ESGアドバイザーを担っていますが、IR部門に所属していた際に時間をかけて自ら手を動かして対応した経験が、自身の一番の強みとなっています。

　同僚が行なう業務を横から見ることで得られた知識／経験と、自身が苦しみ試行錯誤して完遂した業務を通じて身に付けた知識／経験では、習得レベルがまったく異なります。

　地味に見える業務にも魂を込めてハンズオンで対応することで、自身のキャリアを築いているという意識を持ちましょう。

　「魂を込める」とは、どういうことなのでしょう？

　それは、「ルーティン業務として淡々とこなす」のではなく、常に「どうすれば投資家にとって便利だろう？」「どうすれば効果を最大化できるだろう？」「どうすれば効率化できるだろう？」という改善の意識を持って取り組むことだと、筆者は考えます。

　日常業務に取り組む際には、①日頃の投資家からのフィードバックを見逃さずに活用する意識を持つ、②ルーティン業務では、常にPDCA（Plan, Do, Check, Action）を回す、この2つを意識しましょう。

Column

堂々と話そう！

　筆者が英語面談に対応する際に、気が付いたことがあります。「海外投資家」には色々な方がいて、その方々が使う英語もまた、色々だということです。

　日本語の場合には「標準語」がありますが、英語には標準語がありません。日常的に英語を話す人は、「自分は『ネイティブスピーカー』であり、自分が話す英語（発音、アクセント、イントネーション）が正しい」と考えています。

　あるロンドンの投資家と話している時に、こんなことを言われま

した。

"Where did you master your PERFECT American English?"
（あなたはどこで、その完璧なアメリカ英語をマスターしたのですか？）

誉め言葉ではありません。筆者のアクセントにアメリカ色が強すぎたための皮肉でした。その方は「イギリス英語こそ、正しい英語」という信念を持っていたのだと思います。

また数年前に２か月間インドに滞在した時には、現地のビジネスマンが話す英語がまったくわかりませんでした。理解できたのは５割程度でしょうか。アメリカ人の友人も「私でも最初の頃は同じようなものだったわ。何度も聞き返しても彼らはまったく気にせず、『自分たちは英語のネイティブスピーカーだ』と自信満々で押し出してくるのよ」と言っていたものです。

日本人は発音が悪いとか、話すのが下手だとか気おくれして英語で話すことをためらいがちですが、「ネイティブスピーカー」でも様々な英語があるのですから、臆する必要はありません。最終的に伝われば良いのですから、とにかく堂々と話すことが重要です。

ただし、外国人投資家から「自身で英語が得意だと思っている経営者や担当者の中には、何を言っているかわからない英語で面談を行なう人がいて困る」と聞くことも時々あります。一方的に話さず、面談相手が正しく理解しているかを見極め、必要に応じて通訳を介しましょう。

16-2

IR部門の構築と組織化

▶組織としてのIR部門

　IR、つまり**株主との対話の最終責任者は経営トップであるCEOであり、第2の責任者は財務責任者であるCFOやIR担当役員**となります。そのため、理想的には、IR部門はCEO、CFO、またはIR担当役員直下にあるべきだと筆者は考えています。

　本格的にIRに取り組むためには、今からでも遅くありません。そのようにするべきでしょう。

　しかしながら現実的には多くの会社で財務部門や広報部門、総務部門など、特定部門の中の1つのチームとなっているようです。

　そのような組織構成の場合、IR部門として気を付けるべきことは2つあります。

　1つ目は、**CEO／CFOと忌憚なく話し合える定例会を持ち、ホットラインを確保する**ことです。

　CEO／CFOに報告を上げたり相談する場合、IR面談などを通じて日常的に投資家と対話することがない部門長を通して行なうと、非効率であったり真意が伝わらなかったりすることがあります。また、CEO／CFOからの指示が正しくIR部門に伝わらない場合もあります。

　CEO／CFOと定例会を持つことで、株式市場との対話が効率的かつ直接的に経営トップに届くよう努めましょう。

　2つ目は、IR部門の上位部門を管掌する**上長にIRの真の意味と目的および業務プロセスを理解してもらう**ことです。

　次項で述べる「IR部門の評価」にも関係しますが、IRを進める際にはその本来の目的である「中長期的な企業価値の最大化」から逆算してマイルストーンとなる目標を立てる必要があります。

　上長がIRを正しく理解していないと、「最終目標」や到達するためのマイルストーンが誤解に基づいて設定され、適切でない部門目標や目標KPI

が設定されかねません。また、同様にIR部門に属するメンバーの個人評価の基準についても不適切なものになる可能性があります。

▶IR部門の評価とメンバーの個人評価

IR部門およびメンバーの評価は最も難しい課題の1つです。

定量的に評価するため、以下の項目を挙げている会社もあるようですが、IR活動以外の要素が結果に大きく影響するため、筆者としてはお勧めしません。

お勧めできない（NG）目標例
- ☑ 株価／時価総額
- ☑ 投資家との面談件数
- ☑ アナリストレポート数
- ☑ 株主数

様々なアワード（賞）の受賞を絶対的な評価基準にすることにも、筆者は懐疑的です。

理由は3つあります。

1つ目は、上記のNG例と同様に、IR以外の要素、つまり実際の中長期戦略などの実効性や精緻度、サステナビリティへの取組みなどがアワードの評価に影響することです。純粋なIR業務の評価にはなり得ません。

2つ目は、社内に有効な戦略や取組みがない場合でも、アワード受賞目的で「美化した内容」を伝えてしまうリスクが発生することです。投資家の錯誤を生むばかりか、開示資料を閲覧した社員に「本当は、こんなに立派な取組みをしていないのに嘘が書かれている」といった不信感が芽生えれば、悪影響を及ぼしかねません。

3つ目は、IR活動の目的が「株主／投資家との対話を深めて企業価値を高める」よりも「受賞数を増やす」になりかねないことです。受賞のための活動よりも、目の前の株主が何を求めているか理解して対応することを優先すべきです。

一方で、**アワードをIR活動の目的とするのではなく、改善のための測定基準として活用する**ことに違和感はありません。たとえば、ESG経営

推進のためにESG評価基準を参照し、経営改善の結果としてスコアが上昇するということであれば、素晴らしい活用方法だと考えます。

それでは、どのような評価方法が良いのでしょうか？
筆者は「最終目的から逆算した上で行なう**プロセス評価**」が最も適していると考えています。

最終目標を「中長期的な企業価値最大化」とした上で、「自社に不足しているもの」の因数分解をします。その中から「IR部門で解決できるもの」を抜き出し、3年後に解決されているべき事項を抽出します。

その上で、さらに3年後から逆算して、直近1年間や四半期で「何をどこまで進めている状態にする」のか決めた上で目標設定します。

筆者が転職した際に、実際に行なった例を挙げましょう。入社して気づいた「企業価値最大化のためのIR上の阻害要因」は以下のとおりでした。

☑株価の変動率が高いため、空売り残高比率が高い
☑海外投資家比率が低い
☑中長期視点の大株主の不在
☑サステナビリティ・スコアが低く、ESG投資を呼び込めていない

この阻害要因を解決するため、以下のような中期目標を立てました。

☑IRサイトの英語の質を向上させ、英語版資料の量を増やす
☑外国人との認識ギャップになっている点を洗い出し補足資料を作成、面談で必ず伝える
☑戦略を語る際には、中長期視点から逆算した形で短期視点を伝える
☑フェアディスクロージャーを徹底する
☑FTSE Russell[60]評価項目に沿ってサステナビリティ／コーポレートガバナンスへの取組みを進める
☑スポンサードリサーチ（第三者レポート）を発行する

60　FTSE Russell：詳細は5－5参照。

　このような部門目標を策定し、メンバーに担当を割り振った上で３か月後のマイルストーンを策定することで、「企業価値の最大化」を最終目標にした適切な評価が可能となります。

　この取組みにより結果的に、１年後には、海外投資家比率が13％から29％に上昇、空売り残高が１／３に減少、世界的にリスペクトされる中長期視点の投資家複数社からの大量保有報告書の提出、FTSE Russellスコアの大幅な上昇と後日のESG指数への組入れなどが達成できました。しかしながら、これは様々な要因が重なった「アウトカム」、つまりIR部門だけではコントロールできない「結果」です。このような「アウトカム」を目標にするのではなく、「何をすべきか」を定めた中期目標を立て、その中期目標から逆算して短期マイルストーンを設定し評価することが適切だと考えます。

　企業価値の成長を阻害している要因自体についても部門内で話し合いましょう。「メンバー各自が本質的な課題を発見し解決策を提案すること」もメンバーの評価項目とすると良いでしょう。

　また各メンバーの説明能力向上のためには、個人の習熟度に合わせて「特定事業についての説明ができる」「特定事業について、投資家からの質問への対応が可能」などをマイルストーンとして設定することも有効です。

　最終目標を見誤ってしまっては、正しいIR活動ができません。常に「何のためにIR活動を行なっているのか」について意識するようにしましょう。

　いずれにしろ、評価者がIRを理解していないと、様々な問題が生じかねません。評価者のIR業務への理解を深めることも、IR部門責任者の重要な仕事です[61]。

61　拙著『「株主との対話」ガイドブック』（2023年、中央経済社）は、上場会社の経営陣にIR（＝株主との対話）を正しく理解してもらうために執筆しました。本書と共に管掌部門の上長に読んで理解してもらうことで、皆さんの業務が進めやすくなると同時に、IR部門への適切な評価がなされる一助となれば幸いです。

16-3

社内協力体制の構築

▶社内の協力体制を構築する

開示資料を作成する際に、社内の協力が得られなくて困ったことはありませんか？

事業戦略を策定しPDCAを回すためには、主要KPIの抽出とその動向分析が必須です。社内で常に確認・分析している情報の中から市場に共有できるものを選択して開示するのが正しいあり方なのですが、実際は必ずしもそうはいきません。

開示資料に詳細な説明を記載する必要があるため、IR部門から事業部門に対して新たなデータの抽出・分析を依頼するケースも多くあります。

そのようなケースでは、事業部門側が「IR部門のために事業KPIを抽出し、分析する」という意識を持ちかねません。

IRの目的が「中長期的な企業価値最大化」にあることは明白です。しかし、この基本的な考え方を事業部門が必ずしも理解していない場合、せっかく定めた事業KPIを活用しないこともあり得ます。IRで説明に使っている情報は事業推進に役立つものだという基本的な考え方を浸透させ、自発的に協力してもらう必要があります。

こうした現象を改善するためには、IR部門側からの働きかけが必要になります。筆者が意識してきた取組みは、以下のとおりです。

①もらうばかりではなく、役立ちそうな情報を提供する

IR部門は、社外のステークホルダーとのディスカッションを通じて様々な情報に触れる機会が多い部門です。視座高く情報収集しましょう。

「あの部門に役立つかも」という情報を入手した場合には、簡単な紹介文やコメントを添付して共有することで、事業部門の戦略策定に役立てることができます。アナリストレポート、競合会社の情報、業界に関するレポートなどを活用しましょう。

② フィードバックの共有

15-1に記載した「フィードバック資料」を共有し、任意参加の説明会を開催しましょう。

③ 面談への同席

スモールミーティングなどの面談の場に数人ずつ同席してもらい、投資家の考え方を直接聞いて理解してもらいましょう。

ただし、1on1の個別面談の場合、オーディエンスが同席することを投資家が嫌気する可能性があります。事前に投資家に事情を話して、承諾を得て1on1ミーティングに同席してもらうか、複数の投資家が参加するスモールミーティングなどを選びましょう。

④ 社内IR講座の実施

社内IR講座については、次に詳細を記載します。

他部門の協力体制を強化するための取組みは、他にも様々な方法があり得ます。ぜひ部内で相談し、実行してください。

▶ 社内IR講座の目的と実施方法

IR以外の部門の社員が自身の業務とIRとの関係性を理解することは、「会社が株式市場と対話しながら、全社一丸となって、中長期的な企業価値の最大化を目指す」ための第一歩となります。

「社内IR講座」の目的は、以下のとおりです。

☑社員の金融リテラシーの向上
☑自社に対する株式市場からの期待の理解、企業価値向上に貢献するというモチベーションの増大
☑バックボーンの理解に基づく、IR部門へのサポート強化
☑「株式市場からのフィードバック」の活用気運アップ
☑IR部門に興味を持つ社員の増加、IR人材発掘の土壌形成

具体的な内容を見てみましょう。これは、筆者がIR業務に携わった経験を活かして試行錯誤を繰り返し、「社内IR講座」を1つの型に落とし込んだものです[62]。

---

①株式市場／上場会社に関する一般的な知識
☑株価と時価総額の関係性
☑3つの「価値」（企業価値、株主価値、事業価値）
☑株価指数って何？

②株式市場における自社のポジション
☑自社の株式の歴史、株価と時価総額の最安値と最高値
☑株価推移、株価指数との比較
☑株価変動の理由
☑日本の企業総数と上場会社数
☑日本と世界の時価総額ランキング、自社のポジション
☑上場のメリットとデメリット
☑上場していない企業の「理由」
☑会社は誰のものか？

③株式市場からの自社への期待
☑自社の株主構成とコミュニケーション
☑株主が見る自社の強みと成長期待
☑株主が見る課題とリスク
☑環境変化での停滞は衰退を意味する
☑模擬IRミーティング

社内IR講座を実施することにより、社員の株式市場やIR活動に対する理解を深め、協力へのモチベーションを上げることができます。IR業務に携わりたいと考える社員も現れることでしょう。

ぜひ皆さんも取り組んでみてください。

62　拙著『「株主との対話」ガイドブック』（2023年、中央経済社）第7章参照。

Column

他部門の面談への同席

　本書では、個別面談への他部門の同席をお勧めしていますが、忙しい他部門への声がけには躊躇してしまうこともあるでしょう。ここでは、実際に個別面談に同席した部門責任者の感想を紹介します。

==

　投資家と経営陣の個別面談への同席は、貴重な体験となりました。大勢の参加者がいてネット配信もされている決算説明会を毎四半期視聴していたため、個別面談も同じようなものを想定していました。

　ところが個別面談はまったく異なる雰囲気でした。参加者は少人数で、そこでは適度な緊張感を保ちつつもフランクな対話が行なわれていました。

　投資家側は、自社社員と見紛うほどに事業に精通しており、事業全体のみならず、自社の未来まで紐解くような鋭い洞察力が感じられました。

　経営陣は投資家からの鋭く厳しい質問に対して、じっくりとストーリー性に富んだ説明を行ない、その上で両者は、事業の本質的な課題について深くディスカッションしていました。投資家と経営陣の間をうまく取り持ちファシリテートするIR室の姿も印象的でした。

　私は現場の部門責任者として経営陣をフォローするために同席していたのですが、経営陣は事業の現状や現場の状況を十分に把握していました。その姿を誇らしく思いつつ、「自事業を成長させるためのロードマップ」をしっかりと組み立てる自分自身の責任を改めて強く感じました。面談後は、事業部内の同僚に自身が見聞きし感じたことを共有しました。

　自分たちが精魂込めて運営した事業――お客様に誠実に向き合うことで得た売上／利益やその他の成果――が、IR室のサポートを

受け経営陣の言葉を介して市場に伝えられるプロセスに関与しているという実感がありました。当時は事業部に所属していましたが「いつかIRの業務についてみたい」と自身のキャリアについて考えるきっかけにもなりました。

　「株主からお預かりした資金で事業を運営できており、だからこそ、お金の使途と使った結果を報告する必要がある」という、日々事業に邁進していると忘れてしまいがちな上場会社の基本的な姿を、改めて意識した貴重な体験でした。

（元広告商品責任者　M.Y.さん）

16-4

IR担当者のキャリア

　IR担当者には大きく分類して、①キャリア・ローテーションの一環として在籍する担当者、②IRを専門とし、10年、20年とIR業務を担う担当者の2つが多いようです。両者とも重要な役割を果たしますから、1社のIR部門に両者が同時に存在していることが有効です。

①キャリア・ローテーションの一環として在籍する担当者

　IR部門に3〜5年程度在籍し、その後他部門に異動する担当者です。

　IR部門は経営者と同じ視座で株式市場と対話する立場にあります。経営に必要なスキルや対話の経験を得ることができます。他部門に異動した後もその経験は活かされますし、**経営人材育成の際には必ず経験すべきキャリア**と言えるでしょう。経営陣幹部候補となる人材には、キャリアローテーションの中にIR部門を必ず組み込むことをお勧めします。

　IRを経験した社員が他部門に異動し活躍することで「株主との対話の重要性」への理解が社内に広がることも、企業価値向上に役立つはずです。

②IR専門職

　10〜20年以上、IRの専門家として株式市場と会社の間をつなぐ役割を担う担当者です。

　投資家／アナリストは極めてプロフェッショナルな職業です。所属する投資会社や証券会社が変わっても同じ会社を担当することが多くあり、対象となる上場会社を10数年前からカバーしていることも珍しくありません。

　3年ごとにローテーションで異動するIR担当者だけでは、長く自社をカバーしている投資家と十分にディスカッションすることは困難です。

　株主との対話の重要度が増している昨今、株式市場や投資家の考え方を熟知し、**専門家としてIRを担う人材の育成が従来以上に必要**とされています。

①のキャリア・ローテーションの一環として在籍する人材は、社内で異動しながら昇進することが可能です。ＣＦＯやＣＥＯのポジションも狙うことができるはずです。キャリア形成におけるIR部門への配属は大きなアドバンテージです。十分に活用しましょう。

　一方、②のIR専門職の中には、キャリア形成に悩んでいる方がいらっしゃるかもしれません。

　筆者自身も②のタイプです。IR部門責任者を合計20年務め、（社内ではなく）他社のIR部門責任者への転職が唯一のキャリアアップの手段だと感じていました。

　しかしながら、その考えは間違いでした。

　50代後半で独立し、現在まで複数の会社の社外役員（社外取締役、社外監査役）を担ってきましたが、長年IR部門で培った「心／技／体」が、社外役員を担うための貴重な財産となっています。

　「株主との対話」の重要性が高まることにより、CIRO（Chief IR Officer）というポジションも日本において増える可能性があります。IR担当の執行役員や社内取締役が今後増加する可能性もあります。

　コーポレートガバナンス・コードや様々な要請により「株主との対話」は益々重要度を増しています。専門職、ローテーション人材にかかわらず、IR人材には明るい未来が待っているものと考えます。

　矜持を持って誠実に対峙し、会社と株式市場の相互理解を促しましょう。社内・社外の両方で、信頼される存在になることを目指し、日常の業務を通じて研鑽を続けてください。その日々の努力が皆さんを次の素晴らしいキャリアに確実につなげてくれることでしょう。

あとがき

　本書を手に取っていただきありがとうございます。黎明期からIRに取り組んできた筆者自身の経験と想いを込めました。

　本書がIR担当者の皆様の業務推進に役立つと同時に、経営陣と評価者に本書を読んでいただくことによりIRへの理解が促進され、IR担当者／部門の適正な評価に結びつくこと、また「株主との建設的な対話」の基礎となるIR活動の意義とプロセスに関する経営陣の理解が深まることを祈念しております。

　本書の執筆にあたり、多くの方々にご指導いただきました。

　お忙しい中、帯コメントをくださった大場昭義様、筆者2作目にあたる『「株主との対話」ガイドブック』に引き続き、多くのご指導をくださった守屋秀裕様に心よりお礼申し上げます。

　また、執筆に際しご助言とサポートをくださった岩田宜子様、大西敏彦様、国田優子様、古木謙太郎様、坂口尚子様、佐々木慎様、田原一彦様、富永誠一様、坂東照雄様、本田健司様、吉武美貴様に謝辞を表します。

　そして出版にあたり最後までご尽力くださった日本実業出版社の皆様、安井源之新様に深謝申し上げます。

2023年11月

浜辺 真紀子

浜辺真紀子（はまべ まきこ）

浜辺真紀子事務所(IR／ESGコンサルティング)代表、(株)大塚商会独立社外取締役、日本マクドナルドホールディングス(株)独立社外監査役。

2000年、ヤフー（株）（現LINEヤフー（株））にてIR部門を立ち上げ、SR（ステークホルダーリレーションズ）本部長、社長室長兼コーポレートエバンジェリストを歴任。ディップ（株）執行役員 コーポレートコミュニケーション統括部長を経て2021年に独立し、浜辺真紀子事務所(IR／ESGコンサルティング)代表（現任）、ソウルドアウト（株）独立社外取締役、(株)大塚商会独立社外取締役（現任）に就任。2023年、日本マクドナルドホールディングス（株）独立社外監査役（現任）に就任。

IRの基本

2023年12月20日　初版発行
2024年10月10日　第3刷発行

著　者　浜辺真紀子 ©M.Hamabe 2023
発行者　杉本淳一

発行所　株式会社日本実業出版社　東京都新宿区市谷本村町3−29 〒162-0845

編集部　☎03−3268−5651
営業部　☎03−3268−5161　振　替　00170−1−25349
https://www.njg.co.jp/

印刷／壮光舎　製本／共栄社

ISBN 978-4-534-06066-2　Printed in JAPAN